KOMPLETTE CALISTHENICS ANLEITUNG FUER LAEUFER

SAGENHAFTE KOERPERGEWICHT UEBUNGEN UND TRAINING, UM IHNEN ZU IHREM BESTEN LAUFEN ZU VERHELFEN, DAS SIE JEMALS HATTEN

Mariana Correa

Urheberrecht

2016 KOMPLETTE CALISTHENICS ANLEITUNG FUER LAEUFER

ISBN: 9781539546801

Alle Rechte sind vorbehalten. Dieses Buch als auch jeder Teil dieses Buches darf nicht kopiert oder ohne die schriftliche Erlaubnis des Veröffentlichers gedruckt werden, mit Ausnahme von kurzer Zitaten von Bewertungen in diesem Buch.

Das Scannen, Hochladen und Vertreiben dieses Buches im Internet oder allen anderen Medien ohne einen Vermerk der schriftlichen Erlaubnis des Veröffentlichers und Autors ist illegal und wird gesetzlich verfolgt.

Kaufen Sie nur autorisierte Ausgaben dieses Buches. Bitte konsultieren Sie einen Arzt bevor Sie mit dem Training und der Nutzung dieses Buches starten.

Danksagung

An meine Familie, vielen Dank für eure Liebe und Ratschläge.

Über den Autor

Mariana Correa ist eine zertifizierte Sport- und Ernährungsberaterin sowie ehemaliger Tennisprofi.

Mariana erreichte mit dem 26. Platz auf der Weltrangliste der Nachwuchsspieler und mit Siegen über Anna Ivanovich (ehemalige Nummer 1 der Weltrangliste im Tennis) und vielen anderen Top 100 Spieler der Weltliga des Tennis ein Karrierehoch. Sie spielte erfolgreich in der ganzen Welt und in über 26 Ländern und hunderten von Städten, darunter auch in London für Wimbledon, in Paris für die French Open und in Australien für die Weltmeisterschaften.

Ausserdem repräsentierte sie Ecuador im Fed Cup, bei dem ihr Team das Gruppenfinale erreichte. Während ihrer Karriere wurde sie für ihr faires Spiel mehrfach ausgezeichnet, was beweist, dass sie nicht nur eine exzellente Spielerin, sondern auch ein Vorbild für andere Athleten ist. Als Athletin versteht Mariana, was es bedeutet, nur das Beste für eine Leidenschaft zu geben. Mariana ist eine zertifizierte Sport- Ernährungsberaterin mit jahrelanger Erfahrung mit adäquater Ernährung und Hydrierung für leistungsstarke Athleten. In diesem Buch verbindet sie ihre Liebe und ihr Wissen über Sport und

Ernährung um Ihnen all die Informationen zur Verfügung zu stellen, die Sie brauchen um Ihre Ziele zu erreichen.

Inhalt des Buches

KOMPLETTE CALISTHENICS ANLEITUNG FÜR LÄUFER damit Sie immer mit Ihrem besten Tempo laufen. Ohne Maschinen zu benutzen, nur mit Ihrem eigenen Körpergewicht erhalten Sie einen sagenhaften Körper, steigern Sie Ihren Stoffwechsel und werden zu einem sagenhaften Läufer. Von Beinen, Rücken und Brust, Bauch und Armen, haben wir alles mit Körpergewicht Übungen und Körpergewicht Training abgedeckt.

Calisthenics sind derzeit der neueste Trend beim Fitness-Training und das aus offensichtlichen Gründen:

- Erschwinglich: Fitness-Studios oder Maschinen sind nicht notwendig
- Praktisch: Sie haben die Flexibilität, überall und jederzeit zu trainieren
- Privatsphäre: Kein Gedränge, keine Unterbrechungen und kein Posieren
- Garantierte Ergebnisse: Jede Übung verwendet mehrere Muskelgruppen, bringt Ihre Herzfrequenz zum Pumpen und verbrennt jede Menge Kalorien

Wenn es Ihr Ziel ist, gesund und schlank zu bleiben, sind Training und die richtige

Ernährung wesentlich, um erfolgreich zu sein. In diesem Buch finden Sie ausgewählte 50 Smoothie Rezepte enthalten, die Sie jederzeit und überall genießen können, ebenso wie Ihre Trainingseinheiten.

Inhaltsverzeichnis

Danksagung

Über den Autor

Inhalt des Buches

Einleitung: Calisthenics

Kapitel 1: Marathon

Kapitel 2: Laufen Calisthenics Exercises

Kapitel 3: Laufen Calisthenics Workouts

Kapitel 4: Protein-Rezepte

Einleitung
Calisthenics

"Ich verwende keine Maschinen um Fitnessübungen zu machen... Ich bin eine" Unbekannt

Calisthenics, das auch als Körperkrafttraining bekannt ist, zu trainieren, hat zum Inhalt, Fitnessübungen ohne zusätzliche Gewichte durchzuführen. Calisthenics geht bis ins antike Griechenland zurück und hat geholfen, die Körper der olympischen Götter und Göttinnen zu formen. Bevor es Hanteln und Maschinen gab, ist die Menschheit immer schon stark und wie eine Skulptur gemeißelt gewesen, wobei nur das Körpergewicht als Widerstand verwendet wurde.

Letztens ist das Callisthenics-Training heißer als je zuvor geworden. Es ist ein Phänomen, das über die ganze Welt hinweg fegt, viele behaupten, dass die Annehmlichkeit, überall, jederzeit und immer trainieren zu können und die "selbst erzeugten" Ergebnisse, von denen man immer geträumt hatte, sind der Grund, warum. Andere sagen, es ist ein Trend hin zurück zu unseren Wurzeln oder fest einprogrammierter DNA, wo Drücken, Ziehen und Hocken alle grundlegender Standard sind.

Ich glaube, die haben alle recht, ich glaube auch, das da mehr dazu gehört. Calisthenics fordert den ganzen Körper anstatt nur nacheinander kleine Körperteile zu trainieren. Und das ermöglicht Ihrem Körper synchron zu arbeiten, um Ihnen zu helfen, sich mit Waschbrettbauch stärker und fitter wiederzufinden.

Seien wir ehrlich: wir wollen alle unsere gewünschten Ergebnisse erreichen, aber jeder, der trainiert, will auch ästhetische Ergebnisse sehen. Ich habe festgestellt, dass Calisthenics einen einzigartigen, sagenhaften Körperbau hervorbringt.

Der Calisthenics Körper wird definiert als Waschbrettbauch, aufrechte Körperhaltung, Muskelaufbau und scharf umrissene Muskeln, und das gleichmäßig rund über den ganzen Körper hinweg und ohne unnötiges Körperfett. Der Körper eines echten griechischen Gottes, Geschichten über Herkules und Adonis beruhten auf diesen Körpern.

Während es mehrere Muskeln gleichzeitig beansprucht, leistet Calisthenics wirklich gute Arbeit dabei, Resultate hervorzubringen. Eine Herausforderung wie ein Armzug zu machen zum Beispiel, wird nicht nur mit einem Arm gemacht, Sie müssen die Kraft und die Spannung Ihres ganzen Körper benutzen, um den Job zu erledigen.

Die Prinzipien des Körpergewicht-Trainings entwickeln eine ideale Balance von Muskelmasse und Körperfett, da das Verhältnis von Stärke zu Gewicht, das erforderlich ist, um fortgeschrittenere

Bewegungen auszuführen, spezifische Anforderungen erfordert.

Kapitel 1

Marathon

"Ruhe ist die goldene Kette, die Gesundheit und unsere Körper zusammenbindet." Dekker

Während der letzten Jahre fanden Studien statt, welche herausfinden wollten wie man die allgemeine Leistung steigert. Richtige Erholung hat sich als Hilfe bei der Wiederherstellung von psychischen und physischen Prozessen erwiesen, sodass der Athlet wieder auf einem hohen Leistungs-Level trainieren kann.

Auf einem hohen Level trainieren oder antreten wird den Stoffwechsel beschleunigen, das zentrale Nervensystem anregen, die Muskeln erschöpfen und die Körpertemperatur erhöhen. Die Belastung der Übungen ist großartig, aber wenn Sie Ihrem Körper nicht erlauben sich richtig zu erholen, können Verletzungen, verringerte

Leistung und Ausgebranntheit die Folge sein.

Übermäßiges Trainieren ist eine große Sorge für Athleten, die jeden Tag der Woche trainieren. Sie mögen ohne Probleme anfangen, aber zu viel zu trainieren ist keine gute Idee, denn Ihr Körper benötigt Ruhe um stärker zu werden und sich neu aufzubauen.

Ein Tag aktive Erholung zwischen Trainingseinheiten ist ok für Anfänger, aber das hängt alles von der individuellen Fähigkeit sich zu erholen ab. Falls Sie auf eine oder mehrere der folgenden Fragen mit „Ja" antworten, trainieren Sie möglicherweise zu viel.

Sind Sie launisch? Haben Sie Probleme zu schlafen? Haben Sie keinen Hunger? Ist Ihr Ruhepuls sehr hoch? Wenn Sie nicht darauf achten, werden Sie an den Folgen leiden müssen.

Ruhe und Erholung sind essentiell für Ihre körperliche Gesundheit. Mindestens ein Tag in der Woche muss der Ruhe und Erholung gewidmet werden. Ihrem Körper zu erlauben sich zu erholen ist

Teil Ihres Trainings, deshalb müsse wir verstehen was in dieser Zeit getan werden muss. Erholung sollte ein aktiver Prozess als Teil des kompletten Trainings-Programms sein.

Die Bedingungen des Trainings müssen beachtet werden wenn man einen Erholungsplan erstellt. Zum Beispiel:

- Training und Wettbewerb. Menge, Intensität, Dauer der Aufgabe, Müdigkeitslevel und vorherige Erholungsphasen.
- Umgebung. Luftfeuchtigkeit und Temperatur.
- Ernährung. Menge an Nahrung und Flüssigkeit die verbraucht wurden.
- Lebensstil. Qualität des Schlafes, Termine und soziale Aktivitäten.
- Psychologisch. Der Stress und die Anspannung der Wettbewerbe.
- Gesundheit. Vorherige Verletzungen oder Krankheiten.

Sofortige, Kurz- und Langzeit-Erholung

Nicht jede Erholung sollte gleich sein, die vergangene Zeit seit dem Training muss unbedingt beachtet werden. Es gibt drei Kategorien der Erholung. Es gibt sofortige oder Kurzzeit-Erholung von einer intensiven Trainings-Einheit oder einem Wettbewerb und es gibt Langzeit-Erholung, welche in den Trainingsplan miteingearbeitet werden muss. Jede ist sehr wichtig für ideale sportliche Leistung.

Sofortige Erholung

Sofortige Erholung muss innerhalb der ersten 30 Minuten nach einem Wettkampf oder Training stattfinden. Diese Erholung könnte auch als Cool Down bezeichnet werden, eine Zeit um die Körpertemperatur und den Herzschlag zu senken und um sich zu dehnen.
Ein weiterer Fokus der sofortigen Erholung hat mit dem Wiederaufladen der Energiereserven und der

Rehydrierung von dem was während der Übung verloren gegangen ist zu tun. Forschungen haben gezeigt, dass das Zeitfenster für ideale Erholung klein ist, zwischen 15-60 Minuten nach der letzten Aufgabe muss Ihr Fokus auf dem Wiederaufladen und der Rehydrierung liegen.
Um sich wiederaufzuladen ist es am besten Obst, Protein-Shakes, Energieriegel oder Sport-Drinks direkt nach einem Wettbewerb oder intensiven Training zu konsumieren. Machen Sie das vor allem anderen. Die Nahrung, die Sie wählen sollte ca. 0,8 Gramm Kalorien per Kilogramm Körpergewicht und 0,4 Gramm Protein pro Kilogramm Körpergewicht enthalten.

Direkt nach dem Training ist Ihr Körper dehydriert und hat kaum noch Energie. Ihr Körper ist in einem angespannten Zustand und die richtige Kombination an Nahrungsmitteln kann den Wiederherstellungsprozess des Körpers beschleunigen und Ihnen somit helfen wieder stärker und gesünder zu werden.

Um zu rehydrieren sollten Sie versuchen zu messen, wieviel Pfund Schweiß Sie während des Trainings oder Wettkampfes verloren haben. Für jeden verlorenen Pfund müssen Sie zwischen 570-680 ml Wasser aufnehmen. Ich verstehe, dass es nicht einfach ist immer mit einem Messgerät herumzulaufen, aber es hilft Ihnen dabei präziser zu sein. Eine andere Art die Rehydration-Level zu überprüfen ist Ihr Urin. Je dunkler der Urin, desto schlechter hydriert sind Sie, je klarer, desto besser.

Beim Schwitzen werden auch Elektrolyten verloren. Mineralien wie Kalium und Natrium werden benötigt um dem Körper beim normalen Funktionieren zu helfen und können einfach durch das Essen und die Getränke, die Sie nach dem Training zu sich nehmen ersetzt werden. Eine Banane hat beispielsweise einen hohen Kaliumgehalt. Um das verlorene Natrium auszugleichen können Sportgetränke oder Elektrolyt-Wasser helfen.

Kurzzeit-Erholung

Kurzzeit-Erholung findet innerhalb von 24-48 Stunden nach einem intensiven Training oder einem Wettkampf statt. Das ist eigentlich ein Tag, an dem Sie nur leicht trainieren und sich ein wenig dehnen. Das Hauptziel der Kurzzeit-Erholung ist es, die Blutzirkulation anzuregen um sauerstoffreiches Blut zu den sich erholenden Geweben zu bringen und Muskeln dabei zu helfen zu normaler Spannung und Größe zurückzukehren.

Ein Beispiel für einen Kurzzeit-Erholungs-Tag wären 20-30 ruhige Minuten einfache Aerobic-Übungen, egal ob stationäres Fahrrad, Joggen oder einfaches Gewichteheben. Gefolgt von statischem Dehnen und Selbst-Massage mit einem Schaumstoff-Roller. Die Muskeln sind jetzt bereit für eine heiße oder kalte Dusche.

Ihr Körper ist nun mental und physisch besser auf das Training oder den Wettkampf am nächsten Tag vorbereitet.

Langzeit-Erholung

Langzeit-Erholung muss in den Terminplan jedes Athleten integriert werden. Diese Erholung wird vom Coach oder Ihnen selbst eingeplant. Während einer Saison gibt es einige Spitzen in der Intensität und im Training. Vor einem Wettkampf wäre solch eine Spitze in der Trainingsintensität um sich auf das Event vorzubereiten. Nach dem Event würde es eine Abnahme der Intensität geben. Diese Abnahme würde als Langzeit-Erholung bezeichnet werden. Eine bestimmte Zeit der Saison gehört der Erholung. Die Dauer der Langzeit-Erholung würde von der Intensität der Saison und der aufkommenden Events abhängen.
Hier sind einige Tipps um Ruhe und Erholung Ihrer Routine hinzuzufügen:

1)   Entwickeln Sie eine Trainingsabwechslung, wie "intensiver Tag, leichter Tag"
2)   Wenn Sie einen langen Arbeitstag hatten oder schwierige Verpflichtungen

in nächster Zeit haben, legen Sie einen Erholungstag ein

3) Wenn Sie mehrere Sportarten betreiben, seien Sie vorsichtig: Verwandeln Sie nicht den Fakt, dass Sie einige verschiedene Sportarten trainieren können in eine Entschuldigung um fast jeden Tag alles zu geben.

4) Wenn Sie sich nicht sicher sind, wählen Sie einen Kurzzeit-Erholungs-Tag

Schlaf

Nachdem Sie so hart gearbeitet haben, müssen sowohl Ihr Körper als auch Ihr Geist ruhen. Viele entscheiden sich lange wach zu bleiben um fernzusehen oder im Internet zu surfen und denken das wäre Erholungszeit. Aber wenn Sie wach sind zählt es nicht. Ihr Körper und Geist müssen heruntergefahren werden. Ihr tiefes Atmen hilft Ihren Muskeln beim Entspannen und Ihr Geist lässt allen Stress los.

Es gibt keinen Ersatz für eine Nacht guten Schlaf. Top-Athleten behaupten

Sie könnten einfach nicht Ihre Höchstleistung bringen, wenn Sie nicht 10-12 Stunden ruhig geschlafen haben.

Schlaf ist für jeden Athleten, der erfolgreich sein will genauso wichtig wie Training und Ernährung. Jeder Höchstleistungs-Athlet versteht, dass er von seiner körperlichen Leistung lebt. Die negativen Effekt von zu wenig Schlaf sind für einen Athleten genau die gleichen wie für jeden anderen: weniger Ausdauer, Aufmerksamkeit, Reaktion, Stärke und Wachsamkeit. Das sind alles Fertigkeiten, die benötigt werden um auf einem Elite-Level zu spielen.

Warum ist Schlaf für Athleten so wichtig?

Es hat viel mit Erholung zu tun. Erholung erhöht Ihre Energielevel, verbessert Ihr Immunsystem und erlaubt es Ihnen das Beste aus jeder Trainingseinheit zu holen, was letztendlich Ihre Leistung verbessern wird.

Athleten trainieren heutzutage härter als jemals zuvor, daher ist die richtige Menge Schlaf extrem wichtig um sich zu erholen. Mit jedem Training oder Wettkampf wird Ihr Körper und Geist mit Stress belastet und das Muskelgewebe ist überfordert, während Ihre Energielevel aufgebraucht sind. Während Sie schlafen sendet der Körper potente Wachstumshormone aus, welche sich um die Reparatur und das Wachstum der Muskeln kümmern. Ihr Körper braucht eine bestimmte Zeit tiefen Schlafes um das Gewebe zu reparieren. Wenn diese Aufgabe jede Nacht ohne Unterbrechung geschafft wird ist Ihr Körper perfekt für das Training oder den Wettkampf am nächsten Tag vorbereitet.

Haben Sie genug Stunden Schlaf? Erlauben Sie sich nicht selbst diese wertvollen Stunden der Verbesserung und Erholung mit Video-Spielen, Fernsehen oder Computer zu verschwenden! Ihr Körper und Geist brauchen Zeit zum Herunterfahren, Entwickeln, Wachsen und Erholen.

Schlaf verbessern

Wie wir oben gelesen haben ist Schlaf unabdingbar um Ihre Leistung auf dem höchsten Level zu halten. Um die richtigen zzz's zu treffen gibt es einige Tipps zum befolgen.

1) Entwickeln Sie einen Zeitplan. Gehen Sie jeden Tag zur gleichen Zeit ins Bett und stehen Sie zur gleichen Zeit wieder auf.

2) Halten Sie den Raum dunkel. Dunkles Licht ist beruhigend nut entspannt den Geist. Komplette Dunkelheit wird nicht empfohlen, falls Sie auf die Toilette müssen oder vor der Dunkelheit Angst haben. Ein Nachtlicht ist in diesem Fall ideal.

3) Sorgen Sie für kühle Temperaturen. Ihre Körpertemperatur bestimmt Ihren zirkadianen Rhythmus. Falls Sie sich in einer warmen Umgebung befinden wird Ihr zirkadianer Rhythmus Probleme haben abzunehmen.

4) Hintergrundgeräusche. Der Hauptgrund für das Aufwachen sind eindringende Geräusche wie Hundebellen oder Türklopfen. Um diese Geräusche zu überdecken werden Hintergrundgeräusche empfohlen, wie ein Ventilator.

5) Machen Sie es sich bequem. Falls Sie ein Kissen besitzen, das Sie mögen oder eine Decke, die Sie beruhigt, benutzen Sie sie. Bleiben Sie komfortabel mit einem lockeren Pyjama und einer entspannten Umgebung.

Behandeln Sie Schlaf wie eine Geheimwaffe. Gehen Sie schlafen und wachen Sie als besserer Athlet auf. Beginnen Sie mehr zu schlafen und Sie werden ein besserer Athlet werden und neue persönliche Rekorde erzielen. Werden Sie gesünder, glücklicher und fitter, indem Sie mehr schlafen.

Indem Sie sich um Ihren Körper kümmern, können Sie Ihre Sportart auf Ihrem höchsten Leistungslevel und mit einem gesunden Gemüt genießen.

Kapitel 2

Laufen Calisthenics Exercises

Liegestütze

Liegestütze sind eine Maxime in jeder Routine an Freiübungen. Sie trainieren damit Ihren Trizeps, Deltamuskel, Brustmuskulatur und die komplette Körpermitte. Um sie korrekt auszuführen, halten Sie Ihren Körper in einer geraden Linie, von Kopf bis Fuß, Ellbogen nahe am Körper, und senken Sie Ihren Körper in Richtung Boden, indem Sie Ihre Arme beugen, und drücken Sie Ihren Körper dann wieder nach oben, indem Sie Ihre Arme ausstrecken. Sollten Sie die regulären Liegestütze nicht ausführen können, so können Sie diese alternativ auf Ihren Knien ausüben um die Kraft für normale Liegestütze aufzubauen.

Dips

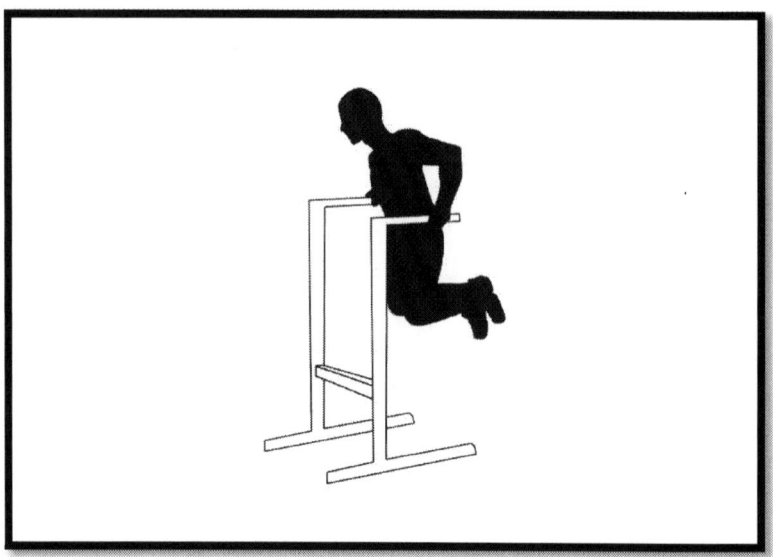

Dips trainieren hauptsächlich Ihren Oberkörper, mit dem Fokus auf den Trizeps, Schultern, Rücken und Brust. Es handelt sich um ein gutes Workout, welches durch zwei Arten ausgeführt werden kann: Dips an einer geraden Stange oder an parallelen Stangen. Dips an einer geraden Stange sind besser um Ihren Trizeps zu trainieren, und Dips an parallelen Stangen für Ihre Schultern. Bei den Dips an parallelen Stangen, welches in der obenstehenden Abbildung dargestellt ist, sind Ihre Hände an den Seiten, die Daumen zeigen nach vorne. Ihre Füße sollten den Boden nicht berühren. Senken Sie Ihren Körper, bis Ihre Unterarme und Schultern einen 90° Winkel bilden und drücken Sie dann wieder nach oben. Nutzen Sie Ihre Körpermitte um diesen Dip korrekt auszuführen und versuchen Sie Ihren Körper während den Bewegungen so still wie möglich zu halten.

Dips an gerader Stange

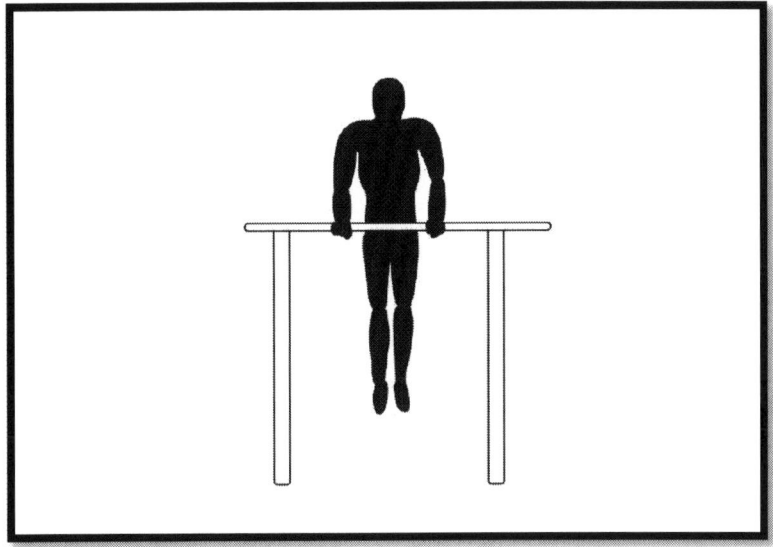

Bei Dips an einer geraden Stange liegen Ihre Hände vor Ihnen, an Ihren Schultern ausgerichtet, Ihre Füße zeigen nach vorne. Beginnen Sie damit nach der Stange zu greifen. Ihre Füße sollten nicht den Boden berühren. Halten Sie Ihre Füße auf Schulterbreite und senken Sie Ihren Körper, bis Ihre Unterarme und Schultern einen 90° Winkel bilden und drücken Sie dann wieder nach oben. Nutzen Sie Ihre Körpermitte um diesen Dip korrekt auszuführen und versuchen Sie Ihren Körper während den Bewegungen so still wie möglich zu halten.

Situps

Situps sind die einfachsten Freiübungen für die Bauchmuskulatur. Es handelt sich um einen großartigen Weg um die Körpermitte zu stärken. Um diese korrekt auszuführen, legen Sie sich auf Ihren Rücken, halten Sie Ihre Knie leicht gebeugt, Fußflächen flach auf dem Boden, Hände hinter Ihrem Kopf und bringen Sie Ihren Oberkörper dann in Richtung Ihrer Knie. Stoppen Sie an dem Punkt, an dem Ihr Körper einen 45° Winkel zum Boden bildet. Senken Sie Ihren Körper dann zurück in die Ausgangsposition.

Crunches

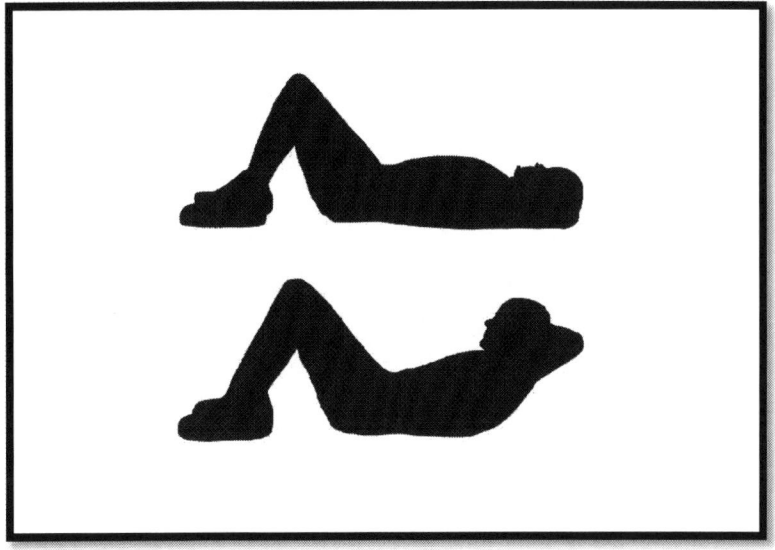

Crunches trainieren Ihre Bauchmuskulatur. Sie sind den Situps sehr ähnlich, doch die Bewegungsreihe ist viel kürzer und Sie können Ihre Hände in Richtung der Knie bewegen um mehr Spannung in den Muskeln hervorzurufen. Beugen Sie für eine korrekte Ausführung leicht Ihre Knie, halten Sie Ihre Füße flach auf dem Boden und drücken Sie Ihre Hände in Richtung Ihrer Knie, bis Sie die Spannung spüren. Senken Sie Ihren Körper wieder und wiederholen Sie die Bewegung.

Fersenanschlag

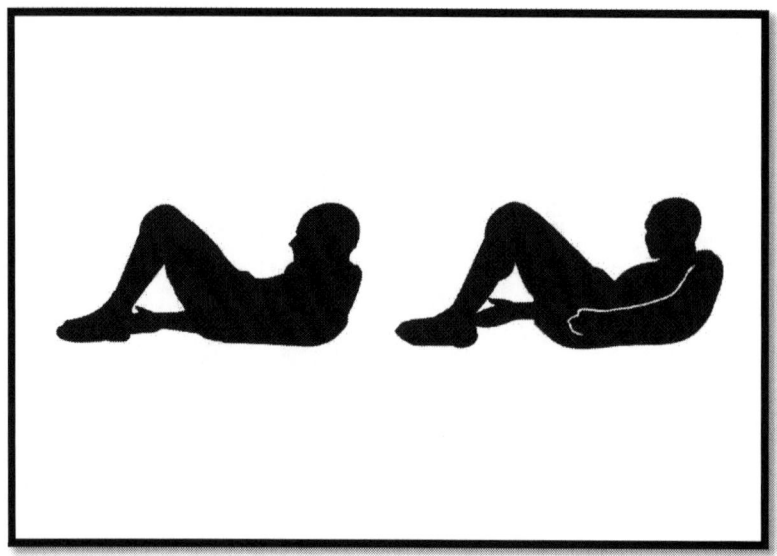

Fersenanschläge sind eine sehr gute Übung für Ihre schräge Bauchmuskulatur. Beginnen Sie auf Ihrem Rücken liegend. Beugen Sie Ihre Knie leicht, reichen Sie mit Ihren Händen an Ihre Fersen, spüren Sie die Spannung und begeben Sie sich dann wieder in die Ausgangsposition. Vergessen Sie nicht Ihren Oberkörper vom Boden zu heben, nicht nur Ihren Nacken. Trainieren Sie beide Seiten, indem Sie abwechselnde Bewegungen vornehmen.

Knieheben

Knieheben zielt auf Ihre unteren Bauchmuskeln ab. Sie gleichen den Crunches, doch der Oberkörper bleibt still, während Ihre Knie sich bewegen. Beim Knieheben halten Sie Ihre Hüfte am Boden, Beine in der Luft und die Hände seitlich des Beckens. Der Oberkörper und die Beine bilden 45° mit dem Boden. Bringen Sie Ihre Knie dann so nahe wie möglich an Ihre Brust und sobald Sie die Spannung spüren, bringen Sie Ihre Knie wieder zurück und wiederholen Sie die Bewegungen.

Umgekehrte Crunches

Umgekehrte Crunches eignen sich großartig für Neulinge um mit dem Bauchmuskeltraining zu beginnen. Beginnen Sie flach auf dem Boden liegend, in einer geraden Startposition. Halten Sie Ihren Rumpf auf dem Boden, Beine zusammen, heben Sie Ihre Knie vom Boden und bringen Sie diese so nahe wie möglich an Ihre Brust. Bringen Sie Ihre Beine dann zurück auf den Boden und wiederholen Sie die Bewegung.

Kniebeugen

Kniebeugen sind die beste Übung für den Unterkörper. Sie konzentrieren sich auf die Achillessehne, Schenkel und den Po. Um sie korrekt auszuführen, halten Sie Ihren Rücken gerade, Knie schulterweit auseinander, in paralleler Position. Wie bei den Situps können Sie Ihre Hände hinter Ihrem Rücken halten, oder diese nach vorne zeigend in eine parallele Position bringen. Als nächstes beugen Sie Ihre Knie, bis Ihre Beine einen 90° Winkel erreichen. Versichern Sie sich, dass Ihr Gewicht sich auf Ihren Fersen befindet, nicht Ihren Zehen. Strecken Sie Ihre Beine, indem Sie sich vom Boden abdrücken, bis Sie die Startposition erreichen.

Ausfallschritt

Ausfallschritte trainieren Ihre Achillessehne, Gesäßmuskulatur und Quadrizeps. Beim Ausfallschritt treten Sie mit einem Bein nach vorne und bringen es dann direkt wieder zurück, mit abwechselnden Beinen. Um sie korrekt auszuführen, halten Sie Ihren Rücken gerade, den vorderen Fuß in einem 90° Winkel und den hinteren Fuß so weit wie möglich vom vorderen Fuß.

Brücke-Wadenheben

Brücke-Wadenheben ist ein einfacher und effektiver Weg um Ihre Waden und Ihr Gesäß zu trainieren. Sie sind auch eine großartige Übung um für das reguläre Wadenheben Stärke aufzubauen. Beginnen Sie auf dem Boden liegend, Knie gebeugt. Heben Sie durch die Nutzung Ihrer Füße Ihre Fersen und Hüfte vom Boden. Senken Sie Ihre Fersen und wiederholen Sie die Bewegung.

Wadenheben

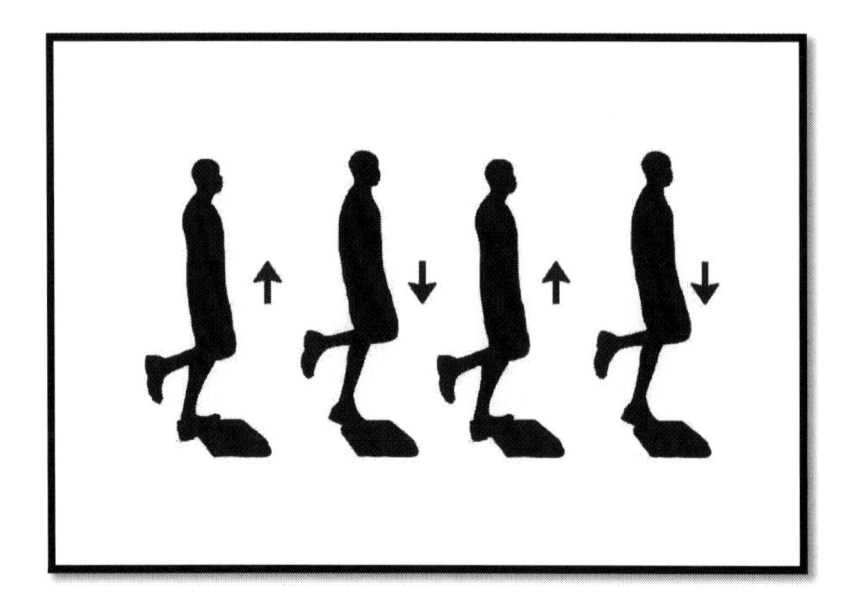

Wadenheben trainiert die Rückseite Ihrer unteren Beine, hauptsächlich die Waden. Beim Wadenheben stehen Sie auf dem Boden, ein Fuß oben und ein Fuß unten. Dann heben Sie die Ferse des Fußes am Boden, sodass Sie nahezu auf Ihren Zehen stehen. Senken Sie dann Ihren Fuß auf die Ferse und wechseln Sie das Bein ab.

Plank

Planks sind eine großartige Übung um die Körpermitte zu stärken, und sie sind sehr einfach auszuführen. Halten Sie Ihre Schultern linear zu Ihren Ellbogen, die Unterarme in paralleler Position zum Boden, Rücken gerade und Beine gerade. Halten Sie die Position solange Sie können.

Zehenberührende Crunches

Zehenberührende Crunches sind eine einfache Übung für Anfänger, um die Bauchmuskulatur zu trainieren. Beginnen Sie in gerader Linie auf dem Boden liegend. Halten Sie Ihre Füße und Hände zusammen und bringen Sie diese zueinander. Senken Sie Ihre Füße und Hände wieder, sobald Sie die Spannung spüren und wiederholen Sie die Bewegung.

Seitliche Plank

Seitliche Planks sind eine großartige Übung für die seitlichen Bauchmuskeln und die Schultern. Beginnen Sie auf der Seite liegend. Legen Sie Ihren anderen Arm hinter Ihren Kopf, halten Sie Ihre Füße zusammen am Boden und heben Sie Ihren Oberkörper, indem Sie die Hand auf dem Boden nutzen. Halten Sie die Position solange Sie können und wechseln Sie die Seiten ab.

Wandsitz

Der Wandsitz ist eine großartige Übung für Ihre oberen Beine. Es ist auch eine der einfachsten Übungen der Freiübungen. Legen Sie Ihr Becken gegen die Wand, halten Sie Ihren Rücken gerade und Ihre Beine in einem 90° Winkel. Halten Sie die Position solange Sie können.

Australische Klimmzüge

Australische Klimmzüge sind ein großartiger Weg Kraft für reguläre Klimmzüge aufzubauen. Sie zielen auf den Trapezmuskel und den großen Rückenmuskel ab, sowie auf die Muskeln in Ihren Unterarmen. Beginnen Sie damit nach der Stange zu greifen, legen Sie Ihr Gesicht unter die Stange, halten Sie Ihre Fersen auf dem Boden, den Körper in einer geraden Linie von Kopf bis Ferse. Ziehen Sie dann Ihren Rumpf nach oben, senken Sie diesen wieder und wiederholen Sie diese Bewegungen abwechselnd.

Klimmzüge

Klimmzüge arbeiten für Ihren großen Rückenmuskel, Bizeps und die Unterarme. Bei den Klimmzügen zeigen Ihre Handflächen nach vorne wenn Sie nach der Stange greifen. Ziehen Sie dann Ihren Körper an den Punkt, an dem Ihr Kinn über die Stange ragt. Um sie korrekt auszuführen, halten Sie Ihre Beine eng zusammen und vermeiden Sie das Treten mit den Beinen wenn Sie sich nach oben ziehen.

Chin-ups

Chin-ups zielen auf Ihren Bizeps und großen Rückenmuskel ab. Sie werden ähnlich wie Klimmzüge ausgeführt, doch bei den Chin-ups zeigen Ihre Handflächen in Ihre Richtung wenn Sie nach der Stange greife. Ziehen Sie Ihren Körper dann an den Punkt, an dem Ihr Kinn über die Stange reicht. Um sie korrekt auszuführen, halten Sie Ihre Beine eng zusammen und vermeiden Sie das Treten mit den Beinen wenn Sie sich nach oben ziehen.

Burpees

Burpees sind Aerobic Übungen und sehr gut für Cardio Training. Sie zielen auf keine konkreten Muskeln ab, doch sie sind sehr gut für die Fettverbrennung. Begeben Sie sich in die Position der Kniebeuge, indem Sie Ihre Hände auf den Boden legen. Treten Sie dann mit den Beinen nach hinten, sodass es wie die Startposition für eine Liegestütze ausschaut. Begeben Sie sich dann wieder in die Position der Kniebeuge, heben Sie Ihre Hände und springen Sie. Vergessen Sie nicht, Burpees sind eine Aerobic Übung – Sie müssen diese also schnell ausführen, sodass Ihre Herzfrequenz steigt.

High Knees

High Knees sind eine Aerobic Übung. Sie zielen auf keine konkreten Muskeln ab, doch sie sind sehr gut für die Fettverbrennung. Heben Sie Ihren Fuß in einem 90° Winkel und wechseln Sie Ihre Beine ab. Es sollte aussehen, als würden Sie auf der Stelle joggen, doch Ihre Knie befinden sich auf der Höhe Ihres Beckens wenn diese angezogen werden. Führen Sie dies für mindestens 30 Sekunden aus und halten Sie Ihre Herzfrequenz oben.

Hampelmann

Hampelmänner sind großartig für die Fettverbrennung, besonders bei Anfängern. Beginnen Sie im geraden Stand, Hände seitlich Ihres Beckens. Hüpfen Sie etwas in die Luft und breiten Sie Ihre Füße auseinander. Heben Sie Ihre Arme seitlich nach oben, hüpfen Sie in die Luft und begeben Sie sich wieder in die Ausgangsposition. Führen Sie dies für mindestens 30 Sekunden aus und halten Sie Ihre Herzfrequenz oben.

Mountain Climbers

Mountain Climbers sind Aerobic Übungen. Sie sind hervorragend für die Fettverbrennung, doch sie trainieren auch Ihre Bauchmuskulatur. Beginnen Sie in der Position eines Liegestützes, mit dem gesamten Körper in einer geraden Linie. Halten Sie Ihre Hände an ihrer Stelle und heben Sie Ihren rechten Fuß vom Boden, indem Sie Ihr Knie so nahe wie möglich an Ihre Brust bringen. Bringen Sie Ihren Fuß zurück in die Startposition und wiederholen Sie dies mit dem linken Fuß. Führen Sie die Übung so schnell wie möglich aus, sodass Ihre Herzfrequenz oben bleibt.

Verlängerung des unteren Rückens

Die Verlängerung des unteren Rückens zielt auf die Muskulatur in Ihrem unteren Rücken ab, besonders den Erector Spinae Muskel. Beginnen Sie damit auf dem Boden zu liegen. Heben Sie dann Ihren Rumpf und Beine in die Luft und stoppen Sie an dem Punkt, an dem sich Ihre Beine in einer Linie mit Ihrem Rumpf befinden. Halten Sie diese Position für einen Moment und begeben Sie sich dann wieder in die Startposition. Bringen Sie Ihre Beine nicht höher als Ihren Rumpf, dies könnte Ihre Wirbelsäule im unteren Rücken verletzen.

Klimmzüge mit engem Griff

Klimmzüge mit engem Griff sind ein großartiger Weg um Ihren Bizeps, großen Rückenmuskel und die Unterarme zu trainieren. Beginnen Sie damit Ihre Hände so nahe wie möglich nebeneinander an der Stange zu platzieren, ziehen Sie sich nach oben und kommen Sie wieder nach unten. Halten Sie Ihre Beine zusammen und vermeiden Sie ein Treten während Sie sich nach oben ziehen.

Klimmzüge mit weitem Griff

Klimmzüge mit weitem Griff sind hervorragende Übungen für das Training des großen Rückenmuskels, doch sie trainieren auch den Bizeps und die Schultern. Beginnen Sie damit Ihre Hände so weit wie möglich auseinander an der Stange zu platzieren, während Sie noch immer in der Lage sind sich nach oben zu ziehen. Halten Sie Ihre Beine zusammen und vermeiden Sie ein Treten während Sie sich nach oben ziehen.

Trizeps Dips

Trizeps Dips werden mit einer Bank ausgeführt. Sie arbeiten hauptsächlich an Ihrem Trizeps und Ihrer Brust. Beginnen Sie damit eine Bank hinter Ihnen aufzubauen, greifen Sie nach der Bank, Hände vertikal und hinter Ihrem Rumpf. Halten Sie Ihre Fersen auf dem Boden und senken Sie Ihren Körper an den Punkt, an dem Ihre Arme einen 90° Winkel bilden. Drücken Sie sich dann wieder nach oben.

Geneigte Liegestütze

Geneigte Liegestütze werden in der Regel an einer Bank ausgeführt. Sie sind ein großartiges Training für den Trizeps und Brust für Anfänger. Beginnen Sie indem Sie Ihre Hände auf die Bank legen und Ihre Füße auf dem Boden halten. Halten Sie Ihren Körper von Kopf bis Fuß in einer geraden Linie. Senken Sie Ihren Körper in Richtung der Bank, indem Sie den größten Teil Ihres Körpergewichts auf Ihre Hände legen und sich wieder nach oben drücken.

Negative Dips

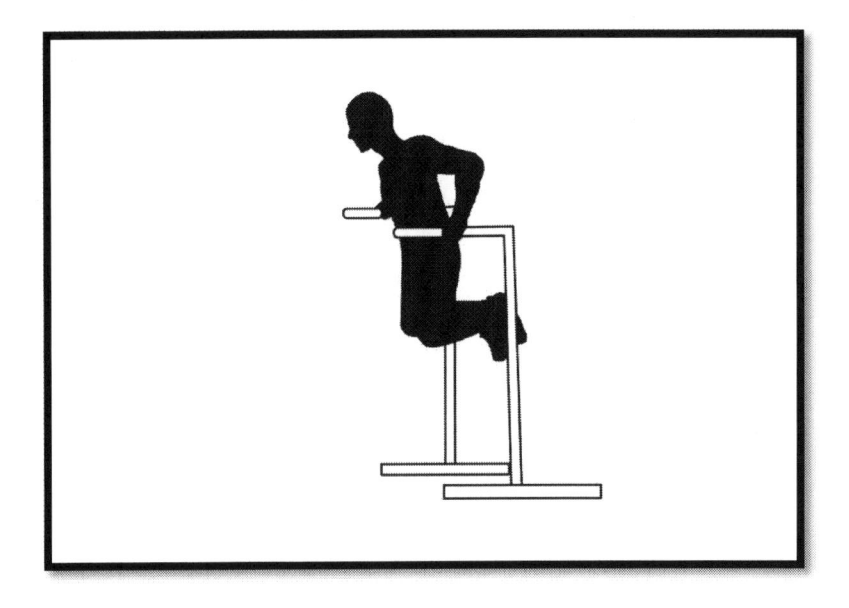

Negative Dips werden in der Regel an parallelen Stangen ausgeführt. Sie eignen sich für Anfänger für das Training von Trizeps, Brust und Schultern. Beginnen Sie damit nach den parallelen Stangen zu greifen, halten Sie Ihre Arme gerade, springen Sie nach oben und halten Sie Ihr gesamtes Körpergewicht mit Ihren Händen. Senken Sie Ihren Körper so langsam Sie können, indem Sie die Anziehungskraft als Widerstand nutzen. Heben Sie Ihren Körper wieder an, sobald Ihre Schultern und Arme einen 90° Winkel bilden. Wiederholen Sie die Übung.

Negative Liegestütze

Negative Liegestütze zielen hauptsächlich auf Ihre Brust ab, doch sie arbeiten auch in Ihrem Trizeps und Ihren Schultern. Sie erzeugen viel Spannung in der Brust. Beginnen Sie mit der Ausgangssituation eines normalen Liegestützes, Beine gerade und Körper in einer geraden Linie. Beginnen Sie Ihren Körper so langsam wie möglich in Richtung Boden zu senken, ohne den Boden zu berühren und nutzen Sie die Anziehungskraft als Widerstand. Begeben Sie sich wieder in die Startposition und wiederholen Sie dies.

Liegendes Beinheben

Liegendes Beinheben ist die einfachste Variation des Beinhebens und eignet sich perfekt für Anfänger um die Bauchmuskeln zu trainieren. Beginnen Sie auf dem Boden liegend, Hände an Ihren Seiten, die Handflächen nach unten zeigend. Heben Sie Ihren rechten Fuß in Richtung Ihres Oberkörpers, bis dieser vertikal steht. Legen Sie Ihren rechten Fuß wieder nach unten und wechseln Sie die Beine ab.

Vertikale Bein-Crunches

Vertikale Bein-Crunches zielen auf Ihre Bauchmuskulatur ab. Sie erfordern etwas Stärke in den Beinen. Beginnen Sie liegend auf dem Boden, mit den Händen gerade an Ihren Seiten. Heben Sie Ihre Beine vertikal an und bringen Sie Ihren Rumpf in Richtung Ihrer Knie und Ihre Hände neben Ihre Zehen. Senken Sie Ihren Rumpf und bringen Sie Ihre Hände zurück in die Ausgangsposition, während Sie Ihre Beine die gesamte Zeit über vertikal belassen. Wiederholen Sie diese Bewegung.

Umgekehrte Ellbogen-Plank

Umgekehrte Ellbogen-Planks sind eine großartige Übung um den unteren und mittleren Rücken zu trainieren, doch sie zielen auch auf die Gesäßmuskulatur ab. Legen Sie sich auf den Boden. Halten Sie Ihre Beine zusammen auf dem Boden, legen Sie Ihre Ellbogen unter Ihre Schultern und halten Sie Ihre Unterarme parallel zum Boden. Heben Sie Ihren Rücken an und halten Sie Ihren gesamten Körper in einer geraden Linie. Halten Sie die Position so lange Sie können.

Russian Twist

Russian Twist erzeugt viel Spannung in Ihrer Bauchmuskulatur. Beginnen Sie, indem Sie auf dem Boden sitzen und Ihre Knie zusammen gebeugt halten und diese leicht vom Boden heben. Halten Sie Ihren Oberkörper in einem 45° Winkel zum Boden und drehen Sie Ihre Arme von Seite zu Seite. Machen Sie so viele Wiederholungen wie Sie können.

Radfahr-Übung

Die Radfahr-Übung zielt auf Ihre Bauchmuskulatur ab. Beginnen Sie mit dem Rücken auf dem Boden. Legen Sie Ihre Hände hinter Ihren Kopf, Ellbogen zeigen zur Seite, und bringen Sie Ihr linkes Knie in Richtung des rechten Ellbogens, sodass diese sich berühren. Bringen Sie Ihr linkes Bein zurück in die Ausgangsposition und wiederholen Sie die Bewegung. Wechseln Sie die Beine in den Wiederholungen ab.

Negative Chin-ups

Negative Chin-ups erzeugen viel Spannung in Ihrem Bizeps und dem großen Rückenmuskel. Beginnen Sie damit nach der Stange zugreifen, Handflächen zeigen zu Ihnen. Heben und senken Sie Ihren Körper so langsam wie möglich, indem Sie die Anziehungskraft als Widerstand nutzen. Ziehen Sie sich nach oben und wiederholen Sie die Bewegung.

Trizeps Liegestütze

Trizeps Liegestütze zielen auf Ihren Trizeps und Ihre Brust ab. Beginnen Sie aus der Ausgangsposition eines normalen Liegestützes, mit geraden Beinen und dem Körper in einer Linie. Halten Sie Ihre Arme sehr nahe an der Brust und senken Sie Ihren Körper nach unten. Drücken Sie Ihren Körper wieder nach oben und wiederholen Sie die Bewegung.

Box Sprünge

Box Sprünge eignen sich hervorragend für die Fettverbrennung, doch sie dienen auch als tolles Workout für Ihre gesamten Beine Beginnen Sie damit ein flaches Objekt zu finden, welches etwa der Höhe Ihrer Knie entspricht. Springen Sie auf das Objekt in dem Sie beide Beine nutzen und springen Sie dann zurück auf den Boden. Wiederholen Sie dies.

Tuck-I Klimmzug

Tuck-I Klimmzug ist ein großartiges Training für Ihren Bizeps, großen Rückenmuskel, Körpermitte und Ihre Schultern. Es ist auch ein guter Weg um zu L-Sitz Klimmzügen voranzuschreiten. Beginnen Sie an der Stange hängend und bringen Sie Ihre Knie nach oben, sodass diese parallel zum Boden stehen. Heben Sie Ihren Körper nach oben und versichern Sie sich, dass Ihr Kinn über die Stange reicht. Senken Sie Ihren Körper und wiederholen Sie die Bewegung.

Beinverlängerung

Die Beinverlängerung zielt auf Ihre Gesäßmuskulatur ab. Beginnen Sie indem Sie sich auf Ihren Bauch legen. Halten Sie Ihren Körper in einer geraden Linie und geben Sie Ihr rechtes Bein leicht vom Boden. Halten Sie die Position für einen Moment und senken Sie das Bein dann wieder. Wiederholen Sie die Übung mit dem anderen Bein.

Seitlicher Ausfallschritt

Der seitliche Ausfallschritt zielt auf Ihre Gesäßmuskulatur, Achillessehne und Quadrizeps ab. Beginnen Sie gerade auf dem Boden stehend. Treten Sie mit Ihrem rechten Fuß zur Seite, senken Sie Ihren Körper zur Seite und lehnen Sie das meiste Gewicht auf Ihren rechten Fuß. Halten Sie die Position für einen Moment und begeben Sie sich dann wieder in die Startposition. Führen Sie das gleiche mit dem anderen Bein aus.

Tiger Bend Liegestütze

Tiger Bend Liegestütze sind eine großartige Übung für Ihre Brust. Beginnen Sie mit der Ausgangsposition eines Liegestützes, lehnen Sie Ihre Ellbogen in Richtung Boden und drücken Sie sich dann zurück nach oben in die Ausgangsposition. Verlagern Sie Ihr Gewicht allerdings nicht auf Ihre Ellbogen wenn Sie sich unten in der Spannung befinden. Halten Sie Ihren Rücken stets gerade.

Diamant Liegestütze

Diamant Liegestütze sind eine fantastische Übung für Ihren Trizeps, doch sie zielen auch auf Ihre Brustmuskeln und Schultern ab. Halten Sie Ihre Hände nahezu direkt nebeneinander, senken Sie Ihren Körper nach unten und drücken Sie dann wieder nach oben. Halten Sie Ihren Rücken stets gerade.

Gesenkte Liegestütze

Gesenkte Liegestütze werden in der Regel mit einer Bank ausgeführt, doch dies funktioniert auch mit einem Objekt, auf dem Sie Ihre Füße platzieren können; doch Ihre Beine müssen höher sein als Ihr Oberkörper. Sie eignen sich großartig für Anfänger oder Fortgeschrittene um die Brust zu trainieren, doch sie trainieren auch Ihren Trizeps. Beginnen Sie in der Ausgangsposition eines Liegestützes, aber platzieren Sie Ihre Füße auf der Bank. Halten Sie Ihren Rücken gerade und legen Sie Ihre Hände auf den Boden. Ihre Zehen und Hände sollten Ihr gesamtes Körpergewicht halten. Senken Sie Ihren Körper und drücken Sie sich wieder nach oben.

Klatschende Liegestütze

Klatschende Liegestütze erfordern Geschwindigkeit, Koordination und Kraft. Beginnen Sie mit der Ausgangsposition eines Liegestützes, halten Sie Ihren Rücken gerade und senken Sie Ihren Körper nach unten. Drücken Sie dann Ihren Rumpf in die Luft und klatschen Sie Ihre Hände zusammen, während Sie diese schnell wieder zurück auf den Boden bringen und dies wiederholen.

Breiter Liegestütz

Breite Liegestütze sind ein großartiges Training für Ihre Brust, doch sie trainieren auch Ihren Trizeps. Beginnen Sie in der Ausgangsposition eines Liegestützes, Zehen nach unten, Körper gerade von Kopf bis Fuß. Platzieren Sie Ihre Arme breiter als Ihre Schultern, senken Sie Ihren Körper und drücken Sie diesen nach oben.

Pike-Liegestütze

Pike-Liegestütze sind ein großartiger Weg um Kraft für einen Handstand aufzubauen. Sie zielen auf Ihre Schultern, Brust und Trizeps ab. Beginnen sie damit Ihre Hüfte zu heben, halten Sie Ihre Beine und Hände gerade, sodass Sie in einer „spitzen" Position enden. Halten Sie Ihre Beine gerade und senken Sie Ihren Rumpf an den Punkt, an dem Ihr Kopf nahezu den Boden berührt und drücken Sie sich mit Ihren Händen wieder nach oben. Wiederholen Sie diese Bewegungen.

Handstand gegen die Wand

Ein Handstand erfordert viel Gleichgewicht. Es ist eine großartige Übung für Ihren großen Rückenmuskel, Schultern, Körpermitte und die schräge Bauchmuskulatur. Beginnen Sie damit Ihre Hände nahe der Wand zu platzieren, mit den Fingern an die Wand zeigend. Schwingen Sie dann Ihre Füße über Ihren Rumpf und halten Sie die Position so lange Sie können. Halten Sie Ihren Körper in einer geraden Linie und vermeiden Sie Verletzungen der Wirbelsäule.

L-Sitz

L-Sitz ist ein großartiger Weg um Ihre Körpermitte zu stärken. Er zielt auf Ihre Körpermitte ab, inklusive der Bauchmuskulatur. Sie können dies an parallelen Stangen ausführen, oder auf dem Boden. Beginnen Sie damit Ihr Becken auf den Boden zu senken und legen Sie Ihre Hände neben Ihr Becken. Heben Sie dann Ihr Becken und die Füße vom Boden, indem Sie Ihre Beine so gerade wie möglich halten. Das gesamte Körpergewicht sollte auf Ihren Händen ruhen. Halten Sie die Position solange Sie können.

Hängendes Knieheben

Hängendes Knieheben ist ein sehr effektiver Weg um auf die Bauchmuskulatur abzuzielen und um Kraft für das hängende Beinheben zu gewinnen. Beginnen Sie an der Stange hängend. Halten Sie Ihren Körper still und heben Sie Ihre Knie in Richtung Brust, so nahe wie möglich. Senken Sie Ihre Knie wieder und wiederholen Sie die Bewegung.

Hängendes Beinheben

Das Beinheben ist ein großartiger Weg um Kraft in der Körpermitte aufzubauen, auch bekannt als Sixpack Muskeln. Beginnen Sie damit nach der Stange zu greifen und gerade stehend. Halten Sie Ihren Rumpf angespannt und beginnen Sie damit Ihre Beine so nahe wie möglich in Richtung Ihres Rumpfes zu heben. Legen Sie Ihre Füße dann nach unten und wiederholen Sie die Bewegung. Halten Sie Ihren Körper in einem 90° Winkel wenn sich Ihre Beine nahe der Stange befinden und halten Sie Ihren Rumpf und Ihre Beine gerade. Halten Sie während der Ausführung dieser Übung Ihren Körper so ruhig wie möglich.

Explosive Klimmzüge

Explosive Klimmzüge arbeiten an Ihrem großen Rückenmuskel, Bizeps und den Unterarmen. Sie gleichen den Klimmzügen, doch beim explosiven Klimmzug reicht Ihre Brust über die Stange. Um diese Übung auszuführen, sollten normale Klimmzüge sehr einfach für Sie sein. Beginnen Sie nach der Stange greifend, Ihre Füße zeigen nach vorne und ziehen Sie sich dann an den Punkt, an dem Ihre Brust über die Stange reicht, Unterarme in horizontaler Position. Bringen Sie Ihren Körper wieder nach unten und wiederholen Sie dies. Halten Sie Ihre Beine zusammen und vermeiden Sie ein Treten während dem Ausführen der Übung.

Russian Dips

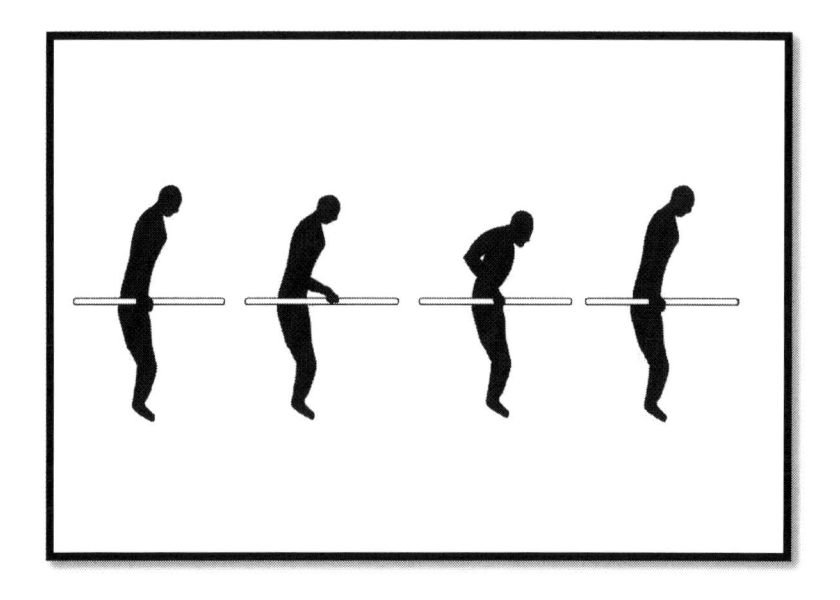

Russian Dips werden an parallelen Stangen ausgeführt. Sie erfordern viel Stärke in den Armen und etwas Flexibilität in den Handgelenken. Sie sind eine großartige Übung für die Schultern, Trizeps und die Unterarme. Beginnen Sie damit die parallelen Stangen zu greifen, halten Sie Ihre Beine zusammen und senken Sie Ihren Körper nach unten. Drücken Sie dann Ihre Ellbogen nach hinten und senken Sie sich, sodass Ihre Handgelenke und Arme all Ihr Körpergewicht halten. Heben Sie anschließend Ihre Ellbogen um in die grundlegende Dip Position zu kommen (Unterarme vertikal). Drücken Sie Ihren Körper nach oben und wiederholen Sie die dies.

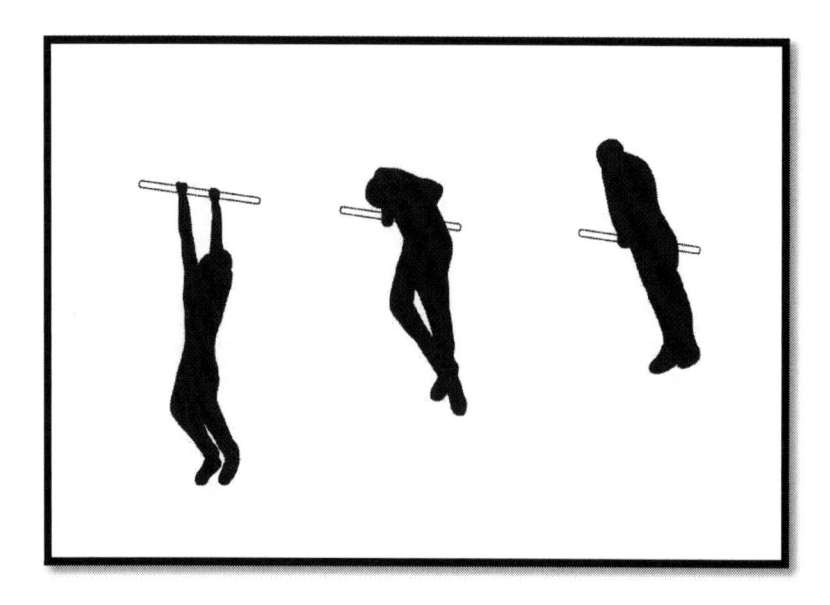

Muscle-Ups

Muscle-Ups sind eine großartige Übung für Ihren Oberkörper. Sie können sie an einer Stange oder an einem Ring ausführen und zielen auf Ihren Bizeps, großen Rückenmuskel, Trizeps und die Brust ab. Es ist eine Kombination aus exklusivem Klimmzug und Dip. Um Muscle-Ups auszuführen, sollten explosive Klimmzüge und Dips sehr einfach für Sie sein. Starten Sie vor der Stange stehend, Ihre Schultern in einer Linie mit Ihren Händen. Schwingen Sie Ihren Körper nach vorne und bringen Sie Ihre Knie nahe zur Brust. Ziehen Sie sich hinter die Stange und lehnen Sie sich nach vorne auf die Stange. Nun befinden Sie ich in der Startposition eines geraden Dips (Schultern und Unterarme auf 90°). Dippen Sie nach oben, senken Sie sich und wiederholen Sie dies.

Archer Klimmzüge

Archer Klimmzüge sind eine großartige Übung für Ihren großen Rückenmuskel und Ihre Arme. Beginnen Sie damit nach der Stange zu greifen, auf die gleiche Weise wie bei Klimmzügen. Ziehen Sie sich über die Stange hin zum anderen Arm und ziehen Sie sich dann diagonal nach unten in Richtung des anderen Arms.

L-Sitz Klimmzüge und L-Sitz Chin-ups

L-Sitz Klimmzüge sind eine großartige Übung um Ihren großen Rückenmuskel, Bizeps, Schultern und Körpermitte zu trainieren, alle zur gleichen Zeit. Beginnen Sie damit nach der Stange zu greifen und heben Sie Ihre Füße in eine horizontale Position nach vorne. Ziehen Sie sich nach oben bis an den Punkt, an dem Ihr Kinn sich über der Stange befindet. Senken Sie sich wieder und wiederholen Sie die Bewegung.

L-Sitz Chin-ups zielen hauptsächlich auf Ihre Körpermitte und Bizeps ab, doch sie trainieren auch Ihren großen Rückenmuskel. Beginnen Sie damit nach der Stange zu greifen, Ihre Handflächen zeigen zu Ihnen. Führen Sie einen L-Sitz aus und heben Sie Ihren Körper an. Versichern Sie sich, dass Ihr Kinn über die Stange reiche und senken Sie sich wieder. Wiederholen Sie diese Bewegung.

Pistol Squats

Pistol squats erfordern etwas Balance, doch sie sind eine großartige Übung für Ihre Beine. Sie trainieren Ihre Gesäßmuskulatur, Quadrizeps und Achillessehne. Beginnen Sie damit einen Fuß in die Luft zu heben und senken Sie Ihren Rumpf an den Punkt, an dem Ihr Bein sich in einer horizontalen Position befindet. Halten Sie das Bein in der Luft stets gerade, Rücken gerade und drücken Sie Ihren Körper nach oben. Wiederholen Sie diese Bewegung.

Front Lever Klimmzüge

Front Lever Klimmzüge trainieren Ihre Bauchmuskulatur, Brust, großen Rückenmuskel, Bizeps und Schultern. Um diese Übung auszuführen muss Ihr Körpermitte recht stark sein. Beginnen Sie damit nach der Stange zu greifen, heben Sie Ihren Rumpf horizontal und halten Sie Ihre Knie leicht gebeugt, die obere Seite der Beine zeigen nach oben. Ziehen Sie dann Ihren Körper nach oben und wiederholen Sie diese Bewegung.

Typewriter Klimmzüge

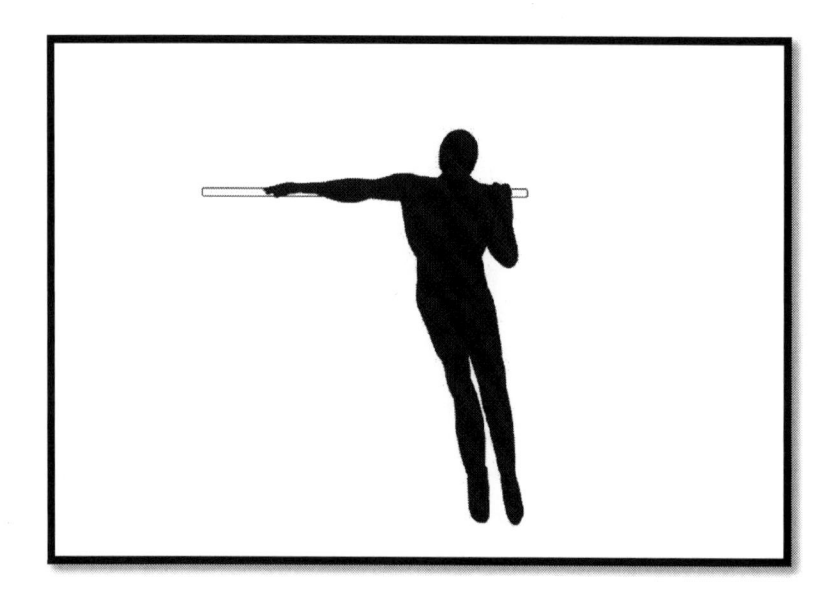

Typewriter Klimmzüge zielen auf Ihren großen Rückenmuskel, Bizeps und Schultern ab. Der einzige Unterschied zu den Archer Klimmzügen ist, dass Sie sich nicht nach unten ziehen wenn Sie die Hände abwechseln. Beginnen Sie damit nach der Stange zu greifen und ziehen Sie sich über die Stange in Richtung Ihrer anderen Hand. Ziehen Sie sich dann in Richtung der anderen Hand und wiederholen Sie diese Bewegungen.

Körpergewicht Trizeps Verlängerung

Körpergewicht Trizeps Verlängerungen sind ein großartiger Weg um Ihren Trizeps und Deltamuskel zu trainieren. Sie werden auf einer Bank ausgeführt, oder an einer niedrigeren Stange. Beginnen Sie in der Ausgangsposition eines Liegestützes, halten Sie Ihre Zehen unten und den Körper gerade. Greifen Sie die Stange/Bank und senken Sie Ihren Körper bis Ihre Unterarme vertikal stehen, die Ellbogen nach unten zeigen und drücken Sie sich wieder nach oben. Wiederholen Sie diese Bewegung.

Schenkelklatschende Liegestütze

Schenkelklatschende Liegestütze erfordern Geschwindigkeit und Koordination. Es ist eine großartige Übung für den Oberkörper, welche auf die Brust, Trizeps, Bauchmuskeln, Schultern, Schenkel, unteren Rücken und Hüftbeuger abzielt. Beginnen Sie in der Startposition eines normalen Liegestützes, Zehen am Boden, Körper gerade du senken Sie Ihren Körper nach unten. Drücken Sie Ihren Körper in die Luft und bringen Sie Ihre Knie näher an Ihre Hände, klatschen Sie Ihre Schenkel und platzieren Sie Ihre Hände schnell wieder auf dem Boden. Wiederholen Sie dies.

Fliegender Superman Liegestütze

Fliegender Superman Liegestütze eignen sich hervorragend für das Training Ihres Oberkörpers. Sie zielen auf Ihr Brust, Bauchmuskulatur, großen Rückenmuskel, Schultern, unteren Rücken, mittleren Rücken und die Gesäßmuskulatur ab. Beginnen Sie in der Ausgangsposition eines normalen Liegestützes. Halten Sie Ihre Füße auf dem Boden, Rücken gerade und senken Sie Ihren Körper. Drücken Sie Ihren Körper dann nach oben und heben Sie Ihre Hände, sodass Ihr gesamter Körper horizontal ist. Bringen Sie Ihre Hände wieder auf den Boden und wiederholen Sie die Bewegung.

Seite zu Seite Liegestütze

Seite zu Seite Liegestütze sind sehr gute Übungen für den Fortschritt in den einhändigen Liegestützen. Sie zielen auf die Brust, Trizeps und Schultern ab. Beginnen Sie in der Ausgangsposition eines Liegestützes, gerader Rücken, Körper in einer geraden Linie. Bringen Sie dann Ihre Brust zum rechten Arm und lehnen Sie den Großteil Ihres Körpergewichts auf Ihre rechte Hand, während Sie gleichzeitig Ihren Körper senken. Drücken Sie Ihren Körper nach oben zurück in die Ausgangsposition und machen Sie das gleiche mit der linken Hand.

Tandem Griff Klimmzüge

Tandem Griff Klimmzüge trainieren Ihre Schultern, großen Rückenmuskel, Bizeps und Rücken. Beginnen Sie unter der Stange stehend, platzieren Sie Ihre Hände parallel an der Stange, eine vor und eine nach Ihrer anderen Hand. Heben Sie Ihren Körper dann zur anderen Seite, sodass Ihr Nacken sich auf Höhe der Stange befindet. Senken Sie Ihren Körper und wechseln Sie die Seiten.

Hängende Scheibenwischer

Hängende Scheibenwischer werden an einer Stange ausgeführt. Sie eignen sich hervorragend für Ihre Bauchmuskulatur, doch sie erfordern viel Kraft in der Körpermitte. Beginnen Sie damit nach der Stange zu greifen, heben Sie Ihren Oberkörper nahezu parallel zum Boden. Heben Sie dann Ihre Beine vertikal, halten Sie diese zusammen und drehen Sie Ihre Füße von Seite zu Seite. Versuchen Sie Ihren Körper so still wie möglich zu halten.

Pseudo Liegestütze

Pseudo Liegestütze sind ein großartiger Weg um Ihren Trizeps, Brust und Schultern zu trainieren. Beginnen Sie in der Ausgangsposition eines normalen Liegestützes, Zehen am Boden, Körper in einer geraden Linie von Kopf bis Fuß. Legen Sie Ihre Hände seitlich, Finger zeigen zur Seite. Halten Sie Ihre Ellbogen nahe am Körper, senken Sie Ihren Körper und drücken Sie sich wieder nach oben.

Koreanische Dips

Koreanische Dips gleichen umgekehrten Dips an einer geraden Stange. Sie sind ein großartiges Training für die Schultern, Trizeps und Brust. Der einfachste Weg die koreanischen Dips auszuführen, ist es mit einer Stange oder einem horizontalen Objekt auf Beckenhöhe. Stehen Sie vor der Stange, Kopf von der Stange wegzeigend und greifen Sie mit geraden Armen nach der Stange. Senken Sie Ihren Körper bis zu dem Punkt, an dem Ihre Hüften sich unter der Stange befinden, Schultern und Unterarme erzeugen einen 90° Winkel, und drücken Sie Ihren Körper wieder nach oben.

Spiderman Liegestütze

Spiderman Liegestütze trainieren Ihren Trizeps und Ihre Brust. Beginnen Sie von der Ausgangsposition eines normalen Liegestützes. Halten Sie Ihre Beine zusammen und gerade. Senken Sie Ihren Körper in Richtung des Bodens zu einem normalen Liegestütz und heben Sie Ihren rechten Fuß. Berühren Sie Ihren Ellbogen mit Ihrem Knie. Bringen Sie Ihren rechte Fuß zurück in die Ausgangsposition und wechseln Sie die Seiten in den Wiederholungen ab.

Kruzifix Liegestütze

Kruzifix Liegestütze zielen auf Ihre Schultern, Bauchmuskeln, Trizeps, Brust und unteren Rücken ab. Beginnen Sie in der Ausgangsposition eines normalen Liegestützes, Füße gerade, Körper in einer geraden Linie von Kopf bis Fuß. Platzieren Sie Ihre Arme so weit wie möglich an der Seite, sodass Ihre Finger auf die Seiten zeigen. Nutzen Sie nur Ihre Finger und senken Sie Ihren Körper und drücken Sie sich wieder nach oben.

Tucked Planche

Tucked Planche ist ein großartiges Training für Ihre Schultern, doch es trainiert auch Ihren, großen Rückenmuskel, Körpermitte und Brust. Beginnen Sie mit den Knien auf dem Boden. Heben Sie Ihre Arme vom Boden und halten Sie diese gerade. Lehnen Sie Ihren Körper nach vorne, verschließen Sie Ihre Arme und bringen Sie Ihre Knie auf Ihre Ellbogen. Halten Sie die Position solange Sie können.

Liegestütze halten

Das Halten der Liegestütze ist ein einfacher Weg um die Brust und den Trizeps zu trainieren. Es erzeugt viel Spannung, besonders in der Brust. Beginnen Sie in der Ausgangsposition eins normalen Liegestützes, Hände unter den Schultern, Beine gerade und Körper in einer geraden Linie. Senken Sie sich in eine normale Liegestütze, doch statt sich wieder zu erheben, halten Sie die Position solange Sie können.

T-Liegestütze

T-Liegestütze sind ein toller Weg um Spannung in Ihren Schultern zu erzeugen. Sie zielen auf Ihre Brust, Trizeps, Schultern, Bizeps, Trapezmuskel, mittleren Rücken und Bauchmuskeln ab. Beginnen Sie durch die Ausführung Liegestütze, halten Sie Ihren Körper in einer Linie, Beine gerade und senken Sie Ihren Körper. Drücken Sie Ihren Körper dann nach oben, heben Sie Ihre andere Hand und rotieren Sie den Körper zur Seite. In der seitlichen Plank sollte Ihre andere Hand zur Decke zeigen. Bringen Sie die Hände wieder auf den Boden und wechseln Sie die Hände in den Wiederholungen ab.

Burpee Liegestütze

Burpee Liegestütze eignen sich hervorragend für Fortgeschrittene zur Fettverbrennung, doch si trainieren auch den Trizeps und die Brust. Es handelt sich um eine Aerobic Übung, sie müssen also schnell ausgeführt werden. Beginnen Sie aus dem geraden Stand, senken Sie Ihren Körper in die Position der Kniebeuge, legen Sie die Hände auf den Boden und bringen Sie Ihre Beine hinter sich. Machen Sie normale Liegestütze, bringen Sie mit Ihren Füßen in die Kniebeuge, springen Sie und heben Sie die Hände nach oben. Machen Sie diese für 30 Sekunden um Ihre Herzfrequenz hoch zu halten und die Fettverbrennung anzuregen.

Dragonfly

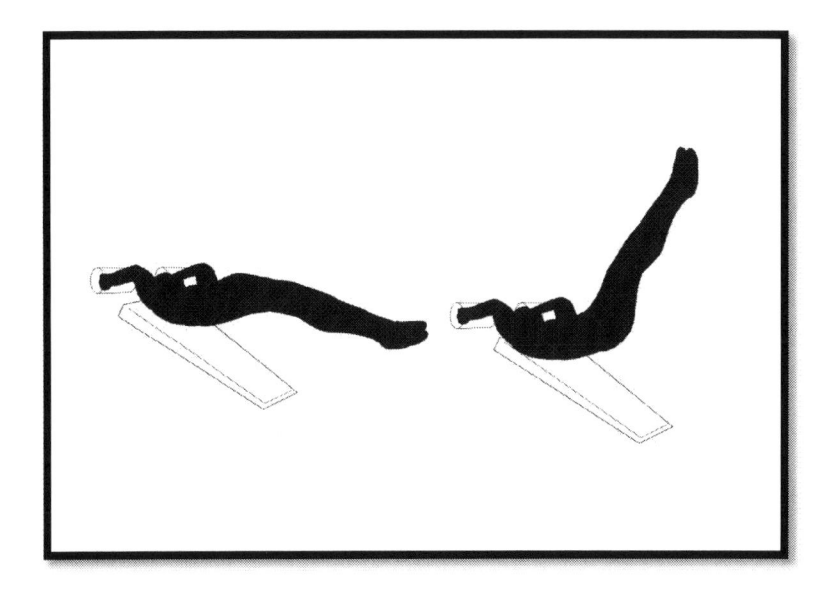

Dragonfly ist eine großartige Übung für Ihre Bauchmuskulatur. Sie werden in der Regel auf einer Bak ausgeführt und sie erfordern etwas Kraft in der Körpermitte. Beginnen Sie auf einer Bank liegend. Greifen Sie die Rückseite der Bank mit Ihren Händen, halten Sie Ihre Körpermitte still und bringen Sie Ihre Füße in Richtung Ihrer Brust, so nahe wie möglich. Senken Sie Ihre Füße und wiederholen Sie die Bewegung.

Zehenberührende Klimmzüge

Zehenberührende Klimmzüge sind gut um Ihrem Workout etwas Freistil hinzuzufügen. Sie zielen auf Ihren Bizeps, Beugemuskel im Handgelenk und den großen Rückenmuskel ab. Beginnen Sie damit nach der Stange zu greifen und führen Sie die explosiven Klimmzüge aus (Brust geht über die Stange). Sobald Ihre Brust über der Stange ist, treten Sie Ihre Füße gerade nach vorne und drücken Sie Ihre Hände schnell über die Stange in Richtung Ihrer Zehen. Bringen Sie Ihre Hände schnell zurück zur Stange und wiederholen Sie die Bewegungen.

Klimmzüge hinter dem Kopf

Klimmzüge hinter dem Kopf sind ein großartiger Weg um auf Ihren Bizeps, unteren Rücken und mittleren Rücken abzuzielen. Beginnen Sie damit nach der Stange zu greifen und ziehen Sie sich wie bei normalen Klimmzügen nach oben. Halten Sie Ihre beine zusammen und den Körper so still wie möglich, aber ziehen Sie Ihren Kopf vor die Stange, mit dem Nacken leicht darüber. Senken Sie Ihren Körper und wiederholen Sie die Bewegung.

Headbanger Klimmzüge

Headbanger Klimmzüge konzentrieren sich auf Ihre Schultern, Unterarme, großen Rückenmuskel und Bizeps. Beginnen Sie damit nach der Stange zu greifen und ziehen Sie sich nach oben wie in normalen Klimmzügen. Heben Sie Ihr Kinn über die Stange und beginnen Sie Ihren Körper nach vorne und hinten zu drücken. Nutzen Sie nur Ihre Hände und halten Sie Ihren Körper so still wie möglich.

Bulgarische Split Kniebeugen

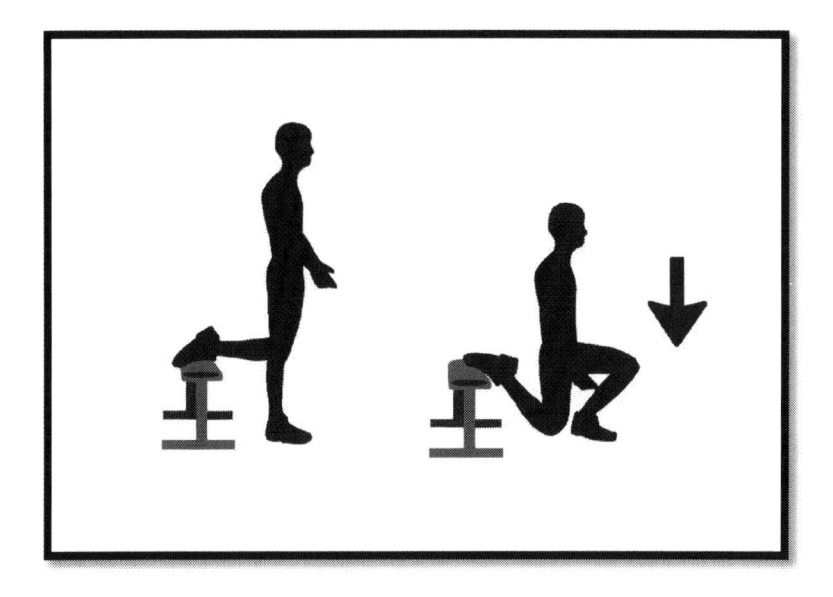

Bulgarische Split Kniebeugen werden in der Regel an einer Bank ausgeführt. Sie erzeugen viel Spannung n den oberen Beinen. Beginnen Sie, indem Sie sich vor die Bank stellen und von dieser wegblicken. Legen Sie Ihr anderes Bein auf die Bank, halten Sie Ihren Rücken gerade und senken Sie Ihren Körper durch die Nutzung von nur einem Fuß. Drücken Sie Ihren Körper nach oben, halten Sie den Fuß auf der Bank an Ort und Stelle und führen Sie eine weitere Übung aus. Wechseln Sie zwischen den Sets die Beine.

V-Haltung

V-Haltung erfordert eine gute Balance. Es ist eine großartige Übung für die Bauchmuskeln. Beginnen Sie auf dem Boden sitzend und heben Sie Ihren Oberkörper und Füße in einen 45° Winkel vom Boden. Halten Sie den Rücken und die Beine gerade und legen Sie Ihre Hände unter die Knie. Halten Sie die Position solange Sie können.

Squat Jumps

Squat Jumps sind ein toller Weg um etwas Cardio in Ihr Beintraining zu bringen. Sie zielen auf Ihren Po und Oberschenkel ab. Beginnen Sie durch normale Kniebeugen, halten Sie Ihren Rücken gerade und senken Sie Ihren Körper an den Punkt, an dem Ihre Beine einen 90° Winkel bilden. Springen Sie dann in die Luft und wiederholen Sie die Übung.

Close Grip Chin-Ups

Close Grip Chin-Ups zielen hauptsächlich auf Ihren Bizeps ab, doch Sie arbeiten auch an Ihrem großen Rückenmuskel. Beginnen Sie damit nach der Stange zu greifen und platzieren Sie Ihre Hände so nahe wie möglich nebeneinander. Halten Sie Ihre Füße zusammen und ziehen Sie sich nach oben bis an dem Punkt sind, an dem Ihr Kinn sich über der Stange befindet. Senken Sie Ihren Körper und wiederholen Sie die Übung.

Plyometrische Liegestütze

Plyometrische Liegestütze trainiere Ihre Schultern, Brust, Unterarme, Trizeps und mittleren Rücken. Beginnen Sie mit normalen Liegestützen, halten Sie Ihre Beine gerade und den Körper in einer Linie. Senken Sie Ihren Körper in Richtung Boden und drücken Sie Ihren Rumpf zurück in die Luft, indem Sie Ihre Füße auf dem Boden halten. Wiederholen Sie die Bewegung.

Laufende Liegestütze

Laufende Liegestütze zielen auf Ihren Trizeps, Brust, mittleren Rücken und Ihre Schultern ab. Beginnen Sie mit normalen Liegestützen, Beine gerade und Körper in einer Linie. Senken Sie Ihren Körper und drücken Sie ihn wieder nach oben. „Laufen" Sie dann mit Ihren Händen in Richtung Knie, sobald Ihre Ellbogen Ihre Knie berühren, „laufen" Sie mit Ihren Händen zurück in die Startposition. Wiederholen Sie die Übung.

Wand Plank

Wand Plank ist eine schwerere Variation von der normalen Plank. Sie trainieren Ihre Bauchmuskeln, Schultern, Trizeps und Oberschenkel. Beginnen Sie in der grundlegenden Plank Position, Arme gerade und Körper in einer geraden Linie, aber halten Sie Ihre Beine gegen die Wand. Verschließen Sie Ihre Arme und halten Sie die Position so lange Sie können.

Chin-ups im breiten Griff

Chin-ups im breiten Griff konzentriert sich auf Ihren großen Rückenmuskel, aber sie zielen auch auf Ihren Bizeps ab. Beginnen Sie damit nach der Stange zu greifen, platzieren Sie Ihre Hände weiter als schulterbreit auseinander, die Handflächen zeigen zu Ihnen. Halten Sie Ihre Knie zusammen und heben Sie Ihren Körper an; versichern Sie sich, dass Ihr Kinn über die Stange reicht. Senken Sie Ihren Körper und wiederholen Sie die Übung.

Hocksprung

Hocksprünge sind ein einfacher und effektiver Weg um die Beine zu trainieren. Sie zielen hauptsächlich auf die Achillessehne ab. Beginnen Sie im geraden Stand auf dem Boden, springen Sie so hoch wie möglich in die Luft und bringen Sie Ihre Knie parallel zusammen. Greifen Sie schnell nach Ihren Knien und begeben Sie sich wieder in die Ausgangsposition. Wiederholen Sie die Übung.

Explosive Kniehocke

Explosive Kniehocken sind großartig für die Fettverbrennung, aber sie zielen auch auf Ihre Bauchmuskeln ab. Beginnen Sie, indem Sie Ihre Hönde auf dem Boden plazieren und halten Sie Ihre Beine hinter ihnen. Halten Sie Ihren Rücken gerade und drücken Sie schnell Ihre Knie nahe zu den Ellobogen. Kicken Sie Ihre Beine direkt wieder nach hinten und wiederholen Sie die Bewegung. Führen Sie diese mindestens 30 Sekunden aus um die Fettverbrennung zu stimulieren.

Kuki Liegestütze

Kuki Liegestütze sind eine der schwersten Liegestütze in den Freiübungen. Sie erfordern viel Schnelligkeit und Koordination. Sie sind großartig um Ihren Trizeps, Schultern, Brust und Bauchmuskeln zu trainieren. Beginnen Sie aus der Ausgangsposition einer Liegestütze, Zehen auf dem Boden, Rücken gerade und senken Sie Ihren Körper. Drücken Sie Ihren Körper so hoch wie möglich in die Luft und klatschen Sie mit Ihren Händen hinter Ihrem Rücken. Platzieren Sie die Hände wieder auf dem Boden und wiederholen Sie die Übung.

Handstand Liegestütze

Handstand Liegestütze sind ein extremer Weg um Ihre Schultern und Ihren Trizeps zu trainieren. Sie können diese gegen die Wand ausführen oder auch freistehend. Handstand Liegestütze erfordern extreme Balance wenn diese ohne Support ausgeführt werden. Beginnen Sie im normalen Handstand und halten Sie Ihren Körper in einer geraden Linie. Senken Sie Ihren Rumpf zum Boden, bis Ihr Kopf nahezu den Boden berührt. Drücken Sie Ihren Körper dann wieder nach oben und wiederholen Sie die Bewegung.

Planche Liegestütze

Planche Liegestütze kann an parallelen Stangen ausgeführt werden, oder auch am Boden. Sie zielen auf Ihre Brust, Trizeps und Bauchmuskeln ab. Planche Liegestütze erfordern viel Balance und Kraft in der Körpermitte. Beginnen Sie in der Ausgangsposition eines Liegestützes, Zehen nach unten und Rücken gerade. Heben Sie Ihre Füße nach oben in eine lineare Linie mit Ihrem Rumpf, sodass Ihr ganzes Körpergewicht auf Ihren Händen liegt. Senken Sie Ihren Körper und drücken Sie diesen wieder nach oben. Wiederholen Sie die Bewegung.

Front Lever

Front Lever wird an einer Stange oder an Ringen ausgeführt. Front Lever ist eine großartige Übung für Ihre Schultern, Rhomboid, großen Rückenmuskel, Trizeps, Brustmuskel und Bauchmuskulatur. Es erfordert eine Menge Kraft in der Körpermitte. Beginnen Sie damit nach der Stange zu greifen, heben Sie Ihre Füße an und senken Sie Ihren Körper nach hinten, sodass Ihr Körper horizontal und in einer Linie steht. Halten Sie die Position solange Sie können.

Back Lever

Back Lever wird an einer Stange oder an Ringen ausgeführt. Es zielt auf Ihren Bizeps, Deltamuskel, Brustmuskel, Beugemuskel im Handgelenk Gesäßmuskulatur, Achillessehne und die Waden ab. Beginnen Sie damit nach der Stange zu greifen und heben Sie Ihre Knie an Ihre Brust. Bringen Sie Ihre Knie dann über Ihren Kopf zwischen Ihren Händen, sodass Ihr Gesicht nach unten zeigt. Verlängern Sie Ihre Beine, halten Sie Ihren Körper parallel zum Boden und halten Sie die Position solange Sie können.

Menschliche Flagge

Die menschliche Flagge kann an einem vertikalen Objekt ausgeführt werden. Sie zielt auf Ihren großen Rückenmuskel, Deltamuskel und die seitlichen Bauchmuskeln ab. Die menschliche Flagge erfordert viel Kraft in der Körpermitte. Beginnen Sie seitlich neben dem vertikalen Objekt stehend. Platzieren Sie Ihre Hand unterhalb des Objekts und die andere höher. Die obere Hand sollte mindestens 6 Inches höher sein als Ihr Kopf. Ihre Hände sollten mindestens einen 90° Winkel bilden, sodass Sie diese Übung ausführen können. Versperren Sie die rme, heben Sie Ihre Beine in die Luft und halten Sie Ihren Körper in einer geraden Linie. Halten Sie die Position solange Sie können.

Einhändige Liegestütze

Einhändige Liegestütze erfordert viel Kraft in den Armen. Es ist eine großartige Übung für die Brust, Trizeps, Schultern und Trapezmuskel. Beginnen Sie, indem Sie eine Hand auf dem Boden platziere und die andere hinter Ihren Rücken legen. Halten Sie Ihre Füße weit auseinander und senken Sie Ihren Körper. Drücken Sie ihn wieder nach oben und wiederholen Sie die Übung mit abwechselnden Händen.

Front Lever Klimmzüge

Front Lever Klimmzüge ist eine der schwersten Formen der Klimmzüge in den Freiübungen. Es ist eine hervorragende Ganzkörperübung, welche Ihre Schultern, Brust, großen Rückenmuskel, Bauchmuskulatur, Rhomboid, Trizeps, Bewegungsmuskel im Handgelenk und Ihre Oberschenkel trainiert. Es erfordert eine enorme Stärke der Körpermitte. Beginnen Sie mit der Ausführung eines normalen Front Lever (Hände vertikal an der Stange, Ihr Körper parallel zum Boden) und ziehen Sie Ihren Körper nach oben; senken Sie ihn wieder. Wiederholen Sie diese Bewegungen.

Einarmig hängende Beinheber

Einarmig hängende Beinheber werden an einer Stange ausgeführt. Sie sind ein extremer Weg die Bauchmuskulatur zu trainieren. Beginnen Sie unter der Stange stehend und greifen Sie mit Ihrer stärkeren Hand danach. Halten Sie Ihren Oberkörper still und heben Sie Ihre Füße in Richtung der Stange, so nahe wie möglich. Bringen Sie diese zurück nach unten und wiederholen Sie die Bewegungen.

X-Grip Muscle Ups

X-Grip Muscle Ups sind die schwierigste Form der Muscle Ups. Sie zielen auf die gleichen Muskeln ab, was den Bizeps, großen Rückenmuskel, Trizeps und die Brust umfasst, doch beim X-Grip Muscle Up leisten Ihre Hände die meiste Arbeit. Beginnen Sie etwas vor der Stange stehend, kreuzen Sie Ihre Arme wie ein „X" und greifen Sie die Stange. Schwingen Sie Ihren Körper nach vorne, bringen Sie Ihre Knie zur Brust für mehr Schwung und ziehen Sie sich dann hinter die Stange und lehnen Sie sich nach vorne auf die Stange. Nun befinden Sie sich in der Position eines Dips (Unterarme und Schultern bilden 90° Winkel). Drücken Sie Ihren Körper nach oben, senken Sie sich und wiederholen Sie die Bewegungen.

Langsame Muscle Ups

Langsame Muscle Ups trainieren die gleichen Muskeln wie die normalen Muscle Ups, was den großen Rückenmuskel, Bizeps, Trizeps und die Brust umfasst, doch sie erzeugen viel mehr Spannung in den Muskeln, denn sie werden nur sehr langsam ausgeführt und Sie erhalten keinen Schwung der Ihnen nach oben hilft. Beginnen Sie damit nach der Stange zu greifen, stehen Sie etwas vor der Stange. Heben Sie sich langsam hinter der Stange und lehnen Sie Ihren Körper nach vorne, sodass Sie auf der Stange landen. Nun schaut es aus, als ob Sie sich in der „Dip Position" befinden (Hände und Schultern im 90° Winkel). Heben Sie langsam Ihren Körper, senken Sie diesen zurück in die Ausgangsposition und wiederholen Sie die Bewegungen.

Einhändige Chin Ups

Einhändige Chin Ups sind ein extremer Weg um Ihren Bizeps und den großen Rückenmuskel zu trainieren. Sie erfordern viel Kraft in den Armen. Beginnen Sie mit nur einem Arm nach der Stange zu greifen. Halten Sie Ihren Körper so still wie möglich und ziehen Sie sich nach oben bis an den Punkt, an dem Ihr Kinn sich über der Stange befindet. Senken Sie Ihren Körper wieder und wiederholen Sie die Bewegung mit dem anderen Arm.

Einhändiger Klimmzug

Einhändige Klimmzüge eignen sich großartig für das Training Ihres großen Rückenmuskels, Bizeps und Schultern. Sie erfordern viel Kraft in den Armen. Beginnen Sie, indem Sie unter der Stange stehen und greifen Sie mit Ihrer stärkeren Hand nach der Stange. Halten Sie Ihren Körper so ruhig wie möglich und heben Sie sich mit nur einer Hand. Versichern Sie sich, dass Ihr Kinn über die Stange reicht. Senken Sie sich und wiederholen Sie die Übung mit der anderen Hand.

Einhändiger Handstand

Der einhändige Handstand trainiert Ihren Trizeps, Trapezmuskel, großen Rückenmuskel und Schultern. Sie erfordern viel Balance und Kraft in den Armen; ein normaler Handstand sollte sehr einfach für Sie sein. Beginnen Sie durch die Ausführung eines normalen Handstands. Bewegen Sie Ihr gesamtes Körpergewicht auf Ihre starke Hand und heben Sie die andere Hand vom Boden. Versuchen Sie Ihre dominante Hand unter dem Mittelpunkt Ihres Körpers zu halten und halten Sie die Position solange Sie können.

Reine Muscle Ups

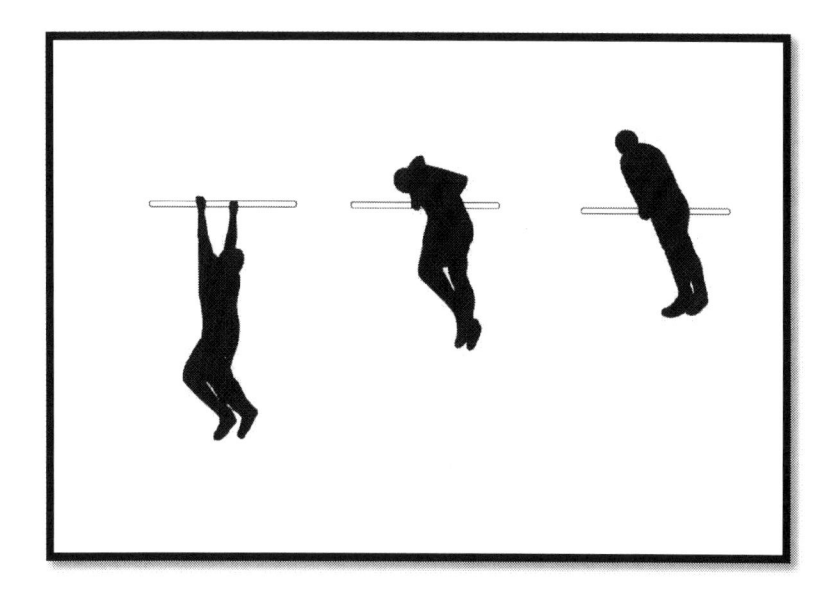

Reine Muscle Ups zielen auf Ihren großen Rückenmuskel, Bizeps, Trizeps und Brust ab. Bei den reinen Muscle Ups nutzen Sie keinerlei Schwung zur Hilfe – Ihre Hände übernehmen also die meiste Arbeit. Beginnen Sie vor der Stange stehend. Greifen Sie nach der Stange und heben Sie sich hinter der Stange, indem Sie Ihren Körper so still wie möglich halten. Lehnen Sie sich nach vorne, sodass Sie auf der Stange enden und drücken Sie Ihren Körper aus der Dip Position nach oben. Senken Sie sich zurück in die Ausgangsposition und wiederholen Sie die Bewegung.

Muscle Ups mit Rückenklatschen

Muscle Ups mit Rückenklatschen sind gut um Ihrem Workout etwas Variation zu verpassen. Sie erfordern viel Koordination. Beginnen Sie damit nach der Stange zu greifen und stehen Sie etwas vor ihr. Schwingen Sie Ihren Körper nach vorne und treten Sie Ihre Knie an Ihre Brust, während Sie sich gleichzeitig hinter die Stange ziehen. Lehnen Sie sich nach vorne, sodass Sie auf der Stange landen und drücken Sie Ihren Körper aus der Dip Position in die Luft. Klatschen Sie Ihre Hände hinter Ihrem Rücken zusammen während Sie in der Luft sind und greifen Sie schnell wieder nach der Stange. Wiederholen Sie diese Bewegungen.

Tiger Bends

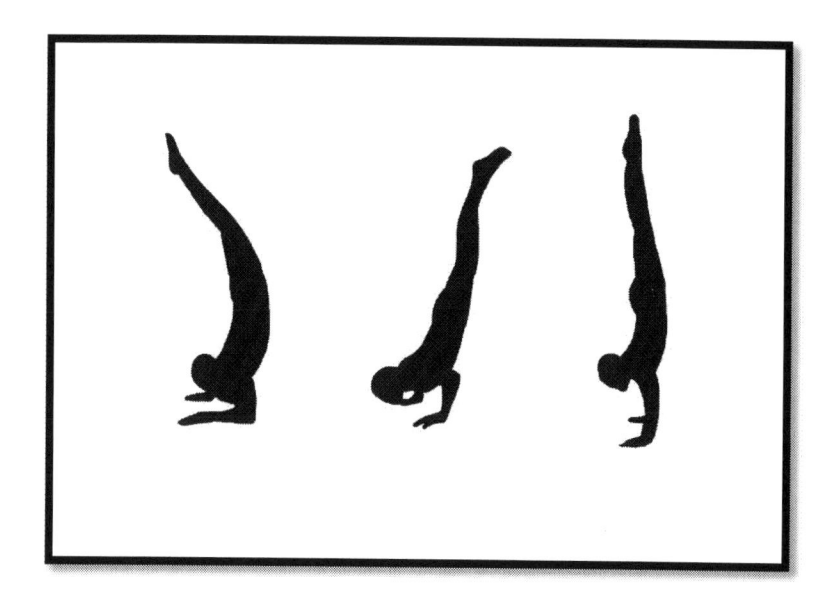

Tiger Bends zielen auf Ihre Schultern, Trizeps, den mittleren und den unteren Rücken ab. Sie erfordern viel Balance und ein Handstand sollte sehr einfach für Sie sein. Beginnen Sie im normalen Handstand, senken Sie Ihren Körper an den Punkt, an dem Ihr Kopf nahezu den Boden berührt, mit Unterarmen und Schultern im 90° Winkel. Bewegen Sie Ihr Körpergewicht nach hinten, sodass Ihre Ellbogen auf den Boden fallen. Halten Sie die Position für einen Moment und heben Sie Ihre Ellbogen vom Boden in die Anfangsposition. Drücken Sie Ihren Körper nach oben und wiederholen Sie die Übung.

Muay Thai Liegestütze

Muay Thai Liegestütze sind hervorragend um Ihre Geschwindigkeit und Koordination zu verbessern. Sie zielen auf Ihre Brust, Trizeps, Schultern und Bauchmuskeln ab. Beginnen Sie durch normale Liegestütze, halten Sie Ihren Körper in einer Linie und senken Sie sich. Halten Sie die Beine auf dem Boden und drücken Sie Ihren Rumpf in die Luft. Klatschen Sie Ihre Hände hinter Ihrem Rücken, bringen Sie Ihre Arme dann vor sich und klatschen Sie diese zusammen. Bringen Sie Ihre Hände zurück auf den Boden.

Einhändige Klatsch Liegestütze

Die einhändige Klatsch Liegestütze bringt den einhändigen Liegestütz auf ein komplett neues Level. Beginnen Sie aus der Ausgangsposition eines einhändigen Liegestützes. Halten Sie Ihren Körper in einer geraden Linie, senken Sie sich und drücken Sie Ihren Rumpf wieder in die Luft. Bringen Sie Ihre andere Hand hinter Ihrem Rücken hervor und klatschen Sie in die Hände. Wechseln Sie die Hände in den Sets ab.

Dreifach klatschende Liegestütze

Dreifach klatschende Liegestütze sind der ultimative Weg um Ihre Koordination und Geschwindigkeit zu testen. Sie trainieren Ihre Brust, Schultern und Trizeps. Beginnen Sie mit einer normalen Liegestütze, halten Sie Ihren Körper in einer geraden Linie und senken Sie diesen in Richtung Boden. Halten Sie die Füße unten und drücken Sie Ihren Körper in die Luft. Klatschen Sie in die Hände, klatschen Sie erneut hinter Ihrem Rücken. Klatschen Sie ein weiteres Mal während Sie Ihre Hände nach vorne bringen und bringen Sie diese schnell zurück auf den Boden.

Lalanne Liegestütze

Lalanne Liegestütze sind eine der schwersten Variationen der Liegestütze in den Freiübungen. Sie erfordern eine extreme Kraft in der Körpermitte. Lalanne Liegestütze zielen hauptsächlich auf Ihre Körpermitte, den unteren und den mittleren Rücken ab. Beginnen Sie auf dem Boden liegend, bringen Sie Ihre Hände so nahe wie möglich zusammen und versichern Sie sich, dass nur Ihre Finger den Boden berühren. Halten Sie Ihre Beine etwas breiter auseinander als Ihre Schultern und heben Sie Ihren Oberkörper vom Boden, indem Sie nur Ihre Körpermitte einsetzen. Senken Sie Ihren Körper und wiederholen Sie die Übung.

Muscle Ups mit breitem Griff

Muscle Ups mit breitem Griff konzentrieren sich auf die Schultern und Brust, doch sie trainieren auch Ihren großen Rückenmuskel, Trizeps und den Beugemuskel im Handgelenk. Beginnen Sie damit nach der Stange zu greifen, platzieren Sie Ihre Hände mindestens schulterbreit auseinander. Schwingen Sie Ihren Körper nach vorne, treten Sie mit Ihren Knien an die Brust und ziehen Sie sich hinter der Stange hoch. Lehnen Sie sich nach vorne, sodass Sie in der Dip Position auf der Stange landen (Hände und Schultern im 90° Winkel) und drücken Sie Ihren Körper nach oben. Lassen Sie sich denken und wiederholen Sie die Bewegung.

Kapitel 3

LAUFEN CALISTHENICS WORKOUTS

Rücken Cruncher

3-6 Zyklen, Erholungszeit: 20 Sekunden zwischen den Übungen, 60 Sekunden zwischen den Zyklen.

30 Sekunden Wand-Plank

15 Liegestütze

30 Sekunden Umgekehrte Ellbogen-Plank

15 Untere Rückenverlängerungen

10 Dips an parallelen Stangen

10 Hintere Dips

18 Crunches

14 Fersenanschläge

20 Kniebeugen

Um sich zu verbessern: Halten Sie Ihre Brust im Liegestütz stets auf den Boden zeigend, sodass Sie mehr auf die Brust abzielen. Halten Sie Ihre Körper während den Dips still und Ihre Beine zusammen. Heben Sie Ihre

Füße während der unteren Rückenverlängerung NICHT höher als Ihren Oberkörper! Dies kann zu einer Verletzung der Wirbelsäule führen. Machen Sie mehr Wiederholungen und weniger Zyklen wenn Sie sicherer werden.

Hoch und Hoch

4-7 Zyklen, Erholungszeit: 15 Sekunden zwischen den Übungen, 50 Sekunden zwischen den Zyklen.

15 Dips an gerader Stange

10 Chin-ups

10 Pike-Liegestütze

15 Liegestütze

15 Hängendes Knieheben

15 Kniebeugen

Um sich zu verbessern: Halten Sie Ihre Brust im Liegestütz stets auf den Boden zeigend, sodass Sie mehr auf die Brust abzielen. Halten Sie Ihren Oberkörper während dem hängenden Knieheben still. Machen Sie mehr Wiederholungen und weniger Zyklen wenn Sie sicherer werden.

Körpererleuchtung

3-7 Zyklen, Erholungszeit: 15 Sekunden zwischen den Übungen, 60 Sekunden zwischen den Zyklen.

15 Bridge Wadenheben

15 Vertikale Bein-Crunches

10 Ausfallschritte (Jedes Bein)

15 Kniebeugen

15 Liegestütze

15 Tiger-Liegestütze

15 Dips an parallelen Stangen

15 Klimmzüge im breiten Griff

Um sich zu verbessern: Nutzen Sie beim Hochdrücken während dem Wadenheben nur Ihre Beine. Halten Sie Ihre Füße während den Dips und den Klimmzügen im breiten Griff zusammen und Ihren Körper still. Halten Sie Ihre Brust im Liegestütz stets auf den Boden zeigend, sodass Sie mehr auf die Brust abzielen. Machen Sie mehr Wiederholungen und weniger Zyklen um dieses Workout herausfordernder zu gestalten.

Fatburner

2-6 Zyklen, Erholungszeit: 20 Sekunden zwischen den Übungen, 40 Sekunden zwischen den Zyklen

15 Australische Klimmzüge

15 Abgeneigte Liegestütze

30 Sekunden Wandsitz

15 Pike-Liegestütze

15 Kniebeugen

20 Knieheben

16 Fersenanschläge (Abwechselnde Seiten)

Um sich zu verbessern: Halten Sie Ihren Rücken im Wandsitz grade und Ihre Oberschenkel parallel zum Boden. Sie erhalten eine bessere Brustaktivierung im abgeneigten Liegestütz, wenn Sie Ihre Brust direkt zum Boden zeigen lassen. Machen Sie mehr Wiederholungen und weniger Zyklen wenn Sie besser werden.

Cardio mit geringer Intensität

1-3 Zyklen, Erholungszeit: keine zwischen den Übungen, 30 Sekunden zwischen den Zyklen.

15 Burpees

15 Box Sprünge

15 Hocksprünge

16 Mountain Climber (Abwechselnde Beine)

10 Hohe Knie (Jedes Bein)

10 Hampelmänner

Um sich zu verbessern: Cardio mit geringer Intensität wird in einer langsameren Geschwindigkeit ausgeführt als das (normale) Cardio in hoher Intensität. Machen Sie eine Wiederholung in 2 Sekunden, und bei den Burpees eine Wiederholung in 4 Sekunden. Nutzen Sie nicht mehr oder weniger Zeit um die Wiederholungen auszuführen, denn wenn Sie schneller sind handelt es sich nicht mehr um Cardio mit geringer Intensität, und wenn Sie langsamer sind, dann erhalten Sie keine Vorteile aus diesem Workout.

Bauchmuskel-Burner

3-6 Zyklen, Erholungszeit: 20 Sekunden zwischen den Übungen, 60 Sekunden zwischen den Zyklen.

10 Negative Dips

10 Negative Liegestütze

30 Sekunden Liegestützenhaltung

15 Crunches

12 Untere Rückenverlängerungen

20 Sekunden Russian Twist

7 Pistol-Kniebeugen (Jedes Bein)

Um sich zu verbessern: Gehen Sie in den negativen Dips und im Liegestütz ganz nach unten. Heben Sie Ihre Füße nicht höher als Ihren Oberkörper, denn dies kann in einer Verletzung der Wirbelsäule resultieren. Machen Sie mehr Wiederholungen und weniger Zyklen wenn Sie sich sicherer fühlen.

Hoch und Runter

8-10 Zyklen, Erholungszeit: 25 Sekunden zwischen den Übungen, 70 Sekunden zwischen den Zyklen.

10 Pseudo-Liegestütze

10 Abgeneigte Liegestütze

10 Typewriter Klimmzüge

10 Dips an parallelen Stangen

15 Hängendes Knieheben

15 Kniebeugen

Um sich zu verbessern: Halten Sie Ihre Brust im abgeneigten Liegestütz stets auf den Boden zeigend, sodass Sie mehr auf die Brust abzielen. Platzieren Sie Ihre Hände während den Typewriter Klimmzügen so weit wie möglich auseinander um es herausfordernder zu gestalten. Machen Sie mehr Wiederholungen und weniger Zyklen wenn Sie sich sicherer fühlen.

Superheld

3-5 Zyklen, Erholungszeit: 15 Sekunden zwischen den Übungen, 70 Sekunden zwischen den Zyklen.

8 Tuck-L Klimmzüge

10 Radfahrübung (Abwechselnde Seiten)

8 Chin-ups

10 Pike-Liegestütze

10 Knieheben

10 Spiderman Liegestütze

10 Hintere Dips

15 Kniebeugen

Um sich zu verbessern: Halten Sie Ihre Beine während den Tuck-L Klimmzügen und Chin-ups zusammen und den Körper still. Sie können die hinteren Dips herausfordernder gestalten, indem Sie Ihre Füße weiter auseinander halten – doch vergessen Sie nicht Ihren Oberkörper vertikal zu halten. Machen Sie mehr Wiederholungen und weniger Zyklen wenn Sie sich sicherer fühlen.

Bein Burner

2-5 Zyklen, Erholungszeit: 15 Sekunden zwischen den Übungen, 60-80 Sekunden zwischen den Zyklen.

10 Beinverlängerungen (Jedes Bein)

10 Kniebeugen

10 Wadenheben (Jedes Bein)

10 Körpergewicht Trizeps-Verlängerungen

10 Chin-ups

10 Pike-Liegestütze

10 Abgeneigte Liegestütze

30 Sekunden Umgekehrte Ellbogen-Plank

15 Australische Klimmzüge

Um sich zu verbessern: Wenn Sie Ihr Bein für die Beinverlängerungen heben, halten Sie die Position für einen Moment um mehr Spannung in den Muskeln zu erzeugen. Halten Sie Ihre Füße während den Chin-ups zusammen und den Körper still. Machen Sie mehr Wiederholungen und weniger Zyklen wenn Sie sich besser werden, um dieses Workout herausfordernder zu gestalten.

Gesamte Körperform

2-5 Zyklen, Erholungszeit: 20 Sekunden zwischen den Übungen, 50 Sekunden zwischen den Zyklen.

10 Ausfallschritte (Jedes Bein)

10 Seitliche Ausfallschritte (Jedes Bein)

10 Wadenheben (Jedes Bein)

15 Crunches

20 Sekunden Russian Twist

10 Klimmzüge im breiten Griff

8 Chin-ups im engen Griff

10 Breite Liegestütze

10 Diamond Liegestütze

Um sich zu verbessern: Je weiter Sie beim Ausfallschritt nach vorne treten, desto mehr Spannung entsteht. Halten Sie Ihren Körper während den Klimmzügen im breiten Griff und den Chin-ups im engen Griff still. Machen Sie mehr Wiederholungen und weniger Zyklen wenn Sie sich sicherer fühlen.

Geräusche erzeugen

3-6 Zyklen, Erholungszeit: 20 Sekunden zwischen den Übungen, 45 Sekunden zwischen den Zyklen.

10 Trizeps Liegestütze

20 Sekunden Handstand hold

10 Klatschende Liegestütze

14 Archer Klimmzüge (Abwechselnde Seiten)

10 Negative Chin-ups

15 Sit-ups

15 Sekunden Seitliche Plank (Jede Seite)

20 Kniebeugen

Um sich zu verbessern: Sie erhalten während den Archer Klimmzügen mehr Spannung in Ihrem großen Rückenmuskel, indem Sie diese mit einem breiten Griff ausführen. Gehen Sie bei den negativen Chin-ups ganz nach unten um die vollen Vorzüge aus jeder Wiederholung zu ziehen. Machen Sie mehr Wiederholungen und weniger Zyklen um diese Übung herausfordernder zu gestalten.

Zerfetzte Schultern

2-4 Zyklen, Erholungszeit: 30 Sekunden zwischen den Übungen, 90 Sekunden zwischen den Zyklen.

15 Handstand Liegestütze

20 Tiger-Liegestütze

15 Russian Dips

10 Tiger Bends

10 einhändige Liegestütze (Jeder Arm)

15 Tuck Front Lever Klimmzüge

15 Sekunden Front Lever

20 explosive Klimmzüge

Um sich zu verbessern, versichern Sie sich, dass Ihre Ausführung korrekt ist. Die Übungen selbst sind sehr intensiv, erhöhte Wiederholungen sind also unnütz wenn Sie keine perfekte Ausführung haben. Wenn Sie sicherer werden und Ihre Ausführung perfekt ist, erhöhen Sie die Wiederholungen oder machen Sie mehr Zyklen hintereinander, beispielsweise 30 Liegestütze in 1 Zyklus statt 15 Liegestütze in 2 Zyklen.

Brust

2-4 Zyklen, Erholungszeit: 20 Sekunden zwischen den Übungen, 100 Sekunden zwischen den Zyklen.

20 Liegestütze zum Aufwärmen

15 Planche Liegestütze

6 Muscle-ups

15 Front Lever Klimmzüge

14 Seite zu Seite Liegestütze (Abwechselnde Seiten)

20 Diamond Liegestütze

15 Breite Liegestütze

15 Sekunden Back Lever

4 Clean Muscle-ups

5 Klatschende Muscle-ups

Um sich zu verbessern, verbessern Sie Ihre Ausführung. Sobald diese perfekt ist, erhöhen Sie die Wiederholungen oder machen Sie mehr Zyklen hintereinander. Einige Übungen zielen je nach Ausführung auf unterschiedliche Körperbereiche ab. Wenn Sie durch die Muscle-ups auf die Brust abzielen möchten, lehnen Sie Ihren Körper noch weiter nach vorne wenn Sie sich in der Dip Position befinden und drücken Sie sich dann nach oben.

Keine Erdanziehung

1-3 Zyklen, Erholungszeit: 30 Sekunden zwischen den Übungen, 120 Sekunden zwischen den Zyklen.

8 langsame Muscle-ups

15 Handstand Liegestütze

40 Sekunden L-Sitz

20 Sekunden Front Lever

10 Front Lever Klimmzüge

20 Sekunden Back Lever

15 Koreanische Dips

10 Planche Liegestütze

10 Hängendes Beinheben mit einer Hand

20 Klimmzüge mit einer Hand (Abwechselnde Hände)

Um sich zu verbessern, achten Sie auf Ihre Ausführung und versichern Sie sich, dass diese perfekt ist. Erhöhen Sie die Wiederholungen oder machen Sie mehr Zyklen hintereinander wenn Sie sich sicherer fühlen. Eine Reduzierung der Erholungszeiten hilft auch mehr Spannung in den Muskeln zu erzeugen.

Ganzkörper Fortgeschritten

1-3 Zyklen, Erholungszeit: 30 Sekunden zwischen den Übungen, 100 Sekunden zwischen den Zyklen

20 Einhändige Liegestütze (Abwechselnde Hände)

15 Russian Dips

10 Muscle-ups

6 Clean Muscle-ups

12 Handstand Liegestütze

20 Körpergewicht Trizeps-Verlängerungen

20 Hängendes Beinheben mit einer Hand

15 Hängende Scheibenwischer (Jede Seite)

10 Front Lever Klimmzüge

20 Sekunden Back Lever

15 Pistol-Kniebeugen (jedes Bein)

10 Bulgarische Split Kniebeugen (jedes Bein)

Um sich zu verbessern, spannen Sie Ihre Muskeln an um mehr Spannung in den Muskelgruppen zu erzeugen. Beim Front Lever Klimmzug drücken Sie zum Beispiel Ihre Brust zusammen wenn Sie sich senken, sodass Sie auf Ihre Brust abzielen. Erhöhte Wiederholungen oder reduzierte Erholungszeiten können helfen mehr Intensität zu erzeugen.

Muscle-up Routine

1-3 Zyklen, Erholungszeit: 25 Sekunden zwischen den Übungen,
80 Sekunden zwischen den Zyklen

15 Muscle-ups

8 Slow Muscle-ups

8 Clean Muscle-ups

10 X-Griff Muscle-ups

10 Rücken-Klatschende Muscle-ups

10 Muscle-ups im breiten Griff

15 Muscle-ups ist für die meisten Menschen nahezu unmöglich. Die Idee ist nicht alle auszuführen, sondern so viele Wiederholungen hintereinander wie möglich. Versuchen Sie das Treten zu reduzieren wenn Sie besser werden. Verbessern Sie Ihre Ausführung und reduzieren Sie die Erholungszeiten auf ein Minimum um die Intensität zu erhöhen.

Geschwindigkeit und Koordination

1-4 Zyklen, Erholungszeit: 20 Sekunden zwischen den Übungen, 60 Sekunden zwischen den Zyklen

30 Sekunden Handstand

15 Klatschende Liegestütze

10 Kuki Liegestütze

5 einhändige Klatschende Liegestütze (Jede Hand)

10 Muay Thai Liegestütze

10 Dreifach-Klatschende Liegestütze

6 Rücken-Klatschende Muscle-ups

10 zehenberührende Klimmzüge

Fortgeschrittenes Cardio

1 Zyklus, Erholungszeit: 15 Sekunden zwischen den Übungen

40 Sekunden Mountain Climber

40 Sekunden Hocksprünge

40 Sekunden Hohe Knie

20 Kniebeugen-Sprünge

30 Sekunden Box Sprünge

Um sich zu verbessern, führen Sie die Übungen länger aus und reduzieren Sie die Erholungszeit auf ein Minimum wenn Sie sich sicherer fühlen. Führen Sie die Übungen schnell aus um die Fettverbrennung zu stimulieren und halten Sie Ihre Herzfrequenz oben.

Fortgeschrittener Trizeps

1-3 Zyklen, Erholungszeit: 30 Sekunden zwischen den Übungen, 60 Sekunden zwischen den Zyklen.

10 Tiger Bends

20 Körpergewicht Trizeps-Verlängerungen

10 reine Muscle-ups

15 Koreanische Dips

20 Dips an gerader Stange

6 X-Griff Muscle-ups

Um sich zu verbessern, versichern Sie sich, dass Ihr Rücken während den Tiger Bends gerade ist. Versuchen Sie das Treten während den X-Griff Muscle-ups auf ein Minimum zu reduzieren. Versuchen Sie mehr Wiederholungen hintereinander auszuführen wenn Sie sich sicherer fühlen. Eine Reduzierung der Erholungszeit steigert die Intensität.

Keine Pause

1-3 Zyklen. Erholungszeit: keine zwischen den Übungen, 90 Sekunden zwischen den Zyklen

10 Typewriter Klimmzüge (Abwechselnde Seiten)

10 Hängendes Knieheben

5 Hängendes Beinheben

10 Klimmzüge

10 Chin-ups

4 Muscle-ups

Die Idee dieses Workouts ist es, dass Sie die Stange niemals loslassen. Wenn Sie den Griff von den Klimmzügen zu den Chin-ups wechseln müssen, dann machen Sie das hängend. Ein breiterer Griff der Typewriter Klimmzüge hilft eine größere Spannung des großen Muskels zu erzeugen. Verbessern Sie Ihre Ausführung und erhöhen Sie die Wiederholungen wenn Sie sich sicherer fühlen.

Brust und Körpermitte Fortgeschritten

1-4 Zyklen, Erholungszeit: 20 Sekunden zwischen den Übungen, 70 Sekunden zwischen den Zyklen.

10 Lalanne Liegestütze

10 Schenkel-Klatschende Liegestütze

20 Sit-ups

10 Fliegender Superman Liegestütze

10 Hängendes Beinheben mit einer Hand

10 Planche Liegestütze

14 Hängende Scheibenwischer (Abwechselnde Seiten)

15 Breite Liegestütze

Um sich zu verbessern, konzentrieren Sie sich auf die Ausführung. Besonders die Übungen der Körpermitte, denn je tiefer das Brennen sitzt, desto mehr wird die Bauchmuskulatur aktiviert. Wenn Sie mit den Liegestützen auf Ihre Brustabzielen, dann öffnen Sie die Brust so weit wie möglich wenn Sie sich senken und drücken Sie diese zusammen wenn Sie sich nach oben drücken. Dies hilft für mehr Aktivierung in der Brust. Nutzen Sie diese Methode allerdings nur im breiten Liegestütz, denn diese zielen nur auf Ihre Brust ab, anders als die anderen Liegestütze in diesem Workout.

Schnell und effektiv

1-3 Zyklen, Erholungszeit: 15 Sekunden zwischen den Übungen, 50 Sekunden zwischen den Zyklen

10 reine Muscle-ups

20 Chin-ups

10 Einhändige Liegestütze (Abwechselnde Hände)

15 Russian Dips

20 Hängendes Knieheben

12 Hängende Scheibenwischer

10 Bulgarische Split Kniebeugen (jedes Bein)

Um sich zu verbessern, konzentrieren Sie sich auf Ihre Ausführung. Die Übungen in diesem Workout sind nutzlos wenn die Ausführung nicht korrekt ist. Halten Sie Ihren Körper während den Chin-ups und den hängenden Scheibenwischern still. Versichern Sie sich, dass Sie die meiste Spannung in der entsprechenden Muskelgruppe spüren.

Gleichgewichtstraining

1-3 Zyklen, Erholungszeit: keine zwischen den Übungen, 90 Sekunden zwischen den Zyklen.

4 Tiger Bends
5 Handstand Liegestütze

10 Sekunden Handstand

5 Sekunden einhändiger Handstand (jede Hand)

Die Idee dieses Workouts ist es, dass Sie den Handstand nicht abbrechen, was extreme Spannung in Ihren Schultern und dem Trizeps auslöst. Führen Sie alle Übungen hintereinander aus und machen Sie mehr Wiederholungen wenn Sie sich sicherer fühlen.

Überall, Jederzeit

1-3 Zyklen, Erholungszeit: 20 Sekunden zwischen den Übungen, 45 Sekunden zwischen den Zyklen.

10 Handstand Liegestütze

15 Negative Liegestütze

15 Crucifix Liegestütze

5 Tiger Bends

10 Einhändige Liegestütze (Jede Hand)

20 Untere Rückenverlängerungen

20 Knieheben

30 Sekunden Russian Twist

15 Sit-ups

16 Pistol-Kniebeugen (Jedes Bein)

20 Wadenheben (Jedes Bein)

Verbessern Sie Ihre Ausführung und versichern Sie sich, dass Sie die Spannung am richtigen Ort spüren. Dies ist ein Workout für Ihren gesamten Körper – es ist also wichtig, dass Sie sich lediglich auf jeweils eine Muskelgruppe konzentrieren. Machen Sie mehr Wiederholungen hintereinander (0 Liegestütze 1 Zyklus, statt 10 Liegestütze 2 Zyklen) oder reduzieren Sie die Erholungszeiten wenn Sie sich sicherer fühlen.

Oberkörper und Körpermitte Super Set Workout

5 Zyklen, Erholungszeit: keine zwischen den Übungen, 70-90 Sekunden zwischen den Zyklen

5 Muscle-ups

3 reine Muscle-ups

8 Explosive Klimmzüge

10 L-Sitz Chin-ups

10 Hängendes Knieheben

5 Hängendes Beinheben

Bis zu 25 Muscle-ups, 15 reine Muscle-ups, 40 explosive Klimmzüge, 50 Chin-ups, 50 hängende Knieheben und 25 hängende Beinheben werden ausgeführt. Reduzieren Sie die Erholungszeit auf ein Minimum wenn Sie sich sicherer fühlen. Halten Sie Ihre Beine während den Klimmzügen zusammen und vermeiden Sie ein Schwingen in allen Übungen, außer den Muscle-ups. Erhöhen Sie die Anzahl an Wiederholungen in den Zyklen und machen Sie weniger Zyklen für mehr Intensität.

Brust Fettentfernung

1-2 Zyklen, Erholungszeit: 10-20 Sekunden zwischen den Übungen, 45 Sekunden zwischen den Zyklen

- 30 Sekunden Burpee Liegestütze
- 10 Negative Liegestütze
- 15 Tiger Bend Liegestütze
- 15 Dips an parallelen Stangen
- 15 Tuck Front Lever Klimmzüge
- 15 Breite Liegestütze
- 15 Diamond Liegestütze
- 30 Sekunden Liegestützenhaltung

Um sich zu verbessern, reduzieren Sie die Erholungszeit auf ein Minimum um die Fettverbrennung zu stimulieren. Wenn Sie mit den Dips auf die Brust abzielen, lehnen Sie Ihren Körper leicht nach vorne. Versuchen Sie während des Liegestützes Ihre Brust stets in Richtung Boden zeigen zu lassen.

Fortgeschrittene Körpermitte Routine

1-3 Zyklen, Erholungszeit: 30 Sekunden zwischen den Übungen, 60 Sekunden zwischen den Zyklen.

30 Sekunden Front Lever

30 Sekunden Back Lever

40 Sekunden L-Sitz

40 Sekunden V-hold

10 Dragonfly

20 Hängende Scheibenwischer (Abwechselnde Seiten)

20 Hängendes Knieheben

Um sich zu verbessern, versuchen Sie die Positionen länger zu halten, welche viel Zeit erfordern um Spannung zu erzeugen. Versichern Sie sich, dass Sie diese angemessen Ausführen.

Super Set Bein Workout

5 Zyklen, Erholungszeit: keine zwischen den Übungen, 90 Sekunden zwischen den Zyklen

20 Kniebeugen

20 Wadenheben

10 Ausfallschritte (Jedes Bein)

10 Seitliche Ausfallschritte (Jedes Bein)

10 Pistol-Kniebeugen (Jedes Bein)

Bis zu 100 Kniebeugen, 100 Wadenheber, 50 Ausfallschritte,
50 Seitliche Ausfallschritte und 50 Pistol-Kniebeugen werden ausgeführt.

Verbessern Sie Ihre Ausführung für einen maximalen Gewinn aus jeder Wiederholung. Sie können mehr Wiederholungen hintereinander und weniger Zyklen ausführen wenn Sie sich sicherer fühlen, sodass Sie mehr Spannung erzeugen.

Super Set Bizeps Workout

10 Zyklen, Erholungszeit: keine zwischen den Übungen, 20-30 Sekunden zwischen den Zyklen.

10 Chin-ups

6 Chin-ups im engen Griff

8 Chin-ups im breiten Griff

5 Negative Chin-ups

Bis zu 100 Chin-ups, 60 Chin-ups im engen Griff, 80 Chin-ups im breiten Griff und 50 negative Chin-ups werden ausgeführt.

Um sich zu verbessern, versichern Sie sich, dass Ihre Ausführung gut ist. Gehen Sie ganz nach oben und ganz nach unten, halten Sie Ihre Beine zusammen und vermeiden Sie ein Schwingen. Machen Sie mehr Wiederholungen und weniger Zyklen wenn Sie besser werden. Dies erzeugt mehr Spannung in den Muskeln.

Fokussierter Schmerz

2-4 Zyklen, Erholungszeit: 20 Sekunden zwischen den Übungen, 50 Sekunden zwischen den Zyklen.

10 Einhändige Liegestütze (Jede Hand)

10 einhändige Klimmzüge (Jede Hand)

10 einhändige Chin-ups (Jede Hand)

10 Pistol-Kniebeugen (Jedes Bein)

10 Hängendes Beinheben mit einer Hand

Um sich zu verbessern, versichern Sie sich, dass Ihre Ausführung gut ist. Halten Sie Ihren Körper so ruhig wie möglich im einhändigen Klimmzug, einhändigen Chin-up und im hängenden Beinheben mit einer Hand. Versichern Sie sich, dass Sie die Spannung am richtigen Ort spüren und wenn Sie sicherer werden, kombinieren Sie die Zyklen oder reduzieren Sie die Erholungszeiten um mehr Nutzen aus Ihren Übungen zu ziehen.

Intensives Rückentraining

10 Zyklen, Erholungszeit: keine zwischen den Übungen, 60-90 Sekunden zwischen den Zyklen.

10 Tuck Front Lever Klimmzüge

10 Tandemgriff Klimmzüge

15 Klimmzüge im breiten Griff

20 Sekunden Back Lever

Um sich zu verbessern, versichern Sie sich, dass Sie die komplette Bewegungsreihe ausführen und Ihre Ausführung gut ist. Sie können mehr Wiederholungen hintereinander ausführen und weniger Zyklen wenn Sie sich sicherer fühlen.

Intensives Ganzkörper Workout

8 Zyklen, Erholungszeit: keine zwischen den Übungen, 90 Sekunden zwischen den Zyklen.

6 Muscle-ups im breiten Griff

10 Klimmzüge

10 Chin-ups

15 Liegestütze

10 hängende Beinheben mit einer Hand

15 Kniebeugen

Um sich zu verbessern, versichern Sie sich, dass Ihre Ausführung gut ist um den vollen Nutzen aus jeder Wiederholung zu ziehen. Wenn Sie durch die Liegestütze auf Ihre Brust abzielen, dann platzieren Sie Ihre Hände seitlich Ihrer Brust. Halten Sie Ihre Beine im Klimmzug zusammen und vermeiden Sie ein Schwingen. Halten Sie Ihren Oberkörper während dem hängenden Beinheben so ruhig wie möglich. Machen Sie mehr Wiederholungen hintereinander und weniger Zyklen wenn Sie sich sicherer fühlen, sodass Sie mehr Spannung aufbauen.

Super Set Körpermitte Routine an einer Stange

4-6 Zyklen, Erholungszeit: keine zwischen den Übungen, 70-90 Sekunden zwischen den Zyklen.

15 Sekunden Front Lever

6 Dragonflies

6 Hängendes Beinheben

6 Scheibenwischer (Abwechselnde Seiten)

Um sich zu verbessern: Halten Sie Ihren Oberkörper in allen Übungen ruhig. Die Idee dieses Workouts ist es niemals die Stange loszulassen, sodass alle Übungen hintereinander ausgeführt werden. Reduzieren Sie die Erholungszeit zwischen den Zyklen auf ein Minimum wenn Sie sich sicherer fühlen.

Kapitel 4
Protein Rezepte

1. Tomaten-Proteinshake:

Zutaten:
1 Glas Milchreis
¼ TL Zimt
1 kleine Tomate
1 geschälte Karotte
1 TL veganer Rohrzucker

Zubereitung:
Wasche und schneide die Tomate in kleine Würfel. Schäle die Karotte und schneide sie in dünne Streifen. Vermische die Zutaten mit einem Mixer und lege alles für ca. 20 Minuten in den Kühlschrank vor dem Verzehr.

2. Gemüse-Proteinshake

Zutaten:
1 Tasse geschnittenen Brokkoli
Halbes Bündel frischen Spinat
½ Tasse veganen griechischen Joghurt
1 EL Agavendicksaft
Ein paar Minzblätter, geschnitten
¼ Tasse Wasser
Zubereitung:
Wasche das Gemüse und lege es in einen Mixer. Gib ein paar Eiswürfel dazu und vermische alles bis zu einer glatten Mixtur.

3. Gemischter Frucht-Gemüse-Proteinshake

Zutaten:

1 Tasse gemischte Blaubeeren, Himbeeren, Brombeeren und Erdbeeren
½ Tasse geschnittenen Babyspinat
¼ Tasse Mandeln
½ Tasse Cashew-Creme
1.5 Glas Wasser

Zubereitung:

Wasche den Babyspinat und lege ihn in einen Mixer. Mixe Cashew-Creme mit den Mandeln, gib Wasser hinzu und gib es zum Mixer hinzu. Füge die Beeren hinzu und mixe für ein paar Minuten. Serviere es kalt.

4. Melonen-Proteinshake

Zutaten:
1 Scheibe Melone
¼ Tasse frische Erdbeeren
¼ Banane
½ TL Zimt
¼ Tasse geschnittene Walnüsse
1 EL braunen Zucker
1 Tasse Wasser
Zubereitung:
Vermische die Zutaten mit einem Mixer und bestreue es mit Zimt. Bewahre es im Kühlschrank auf und serviere kalt.

5. Erdbeer-Proteinshake:

Zutaten:
1 Tasse Erdbeeren
½ Tasse Mandelmilch
1 EL Chia-Samen
1 EL Agavendicksaft
Zubereitung:
Mixe die Zutaten in einem Mixer für ein paar Minuten. Lasse es für ein paar Minuten im Kühlschrank und serviere es kalt. Du kannst ein wenig Eiswürfel hinzugeben.

6. Vanillen Protein-Shake

Zutaten:
1 Glas Flachs-Milch
½ Glas Wasser
1 TL Vanillenextrakt
1 TL zerhackte Vanille
1 EL Hanfsamen, zerhackt
¼ TL Zimt
2 TL Turbinado Zucker

Zubereitung:
Mixe die Flachs-Milch mit Wasser und koche es bei geringer Temperatur. Gib zerhackte Vanille und Vanillenextrakt hinzu. Gut umrühren und koche für ungefähr eine Minute. Nehme es von der Hitze und lass es abkühlen. Vermische es mit anderen Zutaten in einem Mixer für ein paar Minuten. Serviere kalt.

7. Brokkoli-Proteinshake

Zutaten:
1 Tasse gekochtes oder rohes Brokkoli
1 Glas Wasser
½ Tasse Hafermilch
1 Tasse Goji-Beeren
1 EL Kürbiskerne
1 EL Turbinado Zucker
1 TL Agavendicksaft
Zubereitung:
Mixe die Zutaten in einem Mixer für ein paar Minuten. Serviere dieses gesunde Getränk kalt.

8. Kaffee-Proteinshake

Zutaten:
1 Tasse ungesüßte kalten Kaffee
½ Tasse Macadamianussmilch
2 Macadamianuss, zerhackt
2 TL Vanillenextrakt
2 TL braunen Zucker
1 EL veganen griechischen Joghurt
Zimt (optional)
Zubereitung:
Kombiniere alle Zutaten in einem Mixer. Gut mixen für ca. 30 Sekunden. Trinke es kalt. Du kannst etwas Zimt obendraufgeben, aber dies ist optional. Bewahre diesen Proteinshake im Kühlschrank auf oder du kannst ihn zum späteren Verzehr einfrieren.

9. Apfel und Organgen-Proteinshake

Zutaten:
1 kleinen Apfel
1 kleine Orange
½ Glas Wasser
1 TL braunen Zucker
1 EL Agave Nektar
1 EL Mandeln, zerhackt
Zubereitung:
Mixe alle Zutaten für ein paar Minuten. Trinke es kalt.

10. Frucht-Proteinshake

Zutaten:
1 Tasse frische Blaubeeren
1 Banane
1 EL Apfelmus
1 indische Nuss
½ TL Zimt
½ Glas Milchreis
1 EL Agavendicksaft

Zubereitung:
Schäle die Banane und schneide sie in kleine Stücke. Kombiniere den Agavendicksaft mit Apfelmus und Milchreis und koche es kurz. Lass es für ca. 30 Sekunden abkühlen. Bestreue es mit Zimt und serviere kalt.

11. Haferflocken-Protein-Shake

Zutaten:
½ Tasse Haferflocken
1 Tasse Mandelmilch
1 EL Mandeln, zerhackt
¼ Tasse Wasser
1 TL Vanillenextrakt
½ Banane, in Scheiben

Zubereitung:
Das Rezept braucht nur ein paar Minuten Vorbereitung und ist super lecker. Alles, was du tun musst, ist die Zutaten in einen Mixer zu geben und für etwa 30-40 Sekunden zu mixen bis eine glatte Mixtur entsteht. Lasse es für 30 Minuten im Kühlschrank. Du kannst etwas Zimt obendrauf geben.

12. Pfefferminz-Proteinshake

Zutaten:
2 Tassen Hanf-Milch
1 TL Kakaopuder, organisch
1 EL geraspelte Mandeln
1 EL Mandel-Creme
½ TL Pfefferminzextrakt

Zubereitung:
Koche die Hanf-Mich bei niedriger Temperatur. Gib Pfefferminzextrakt und Kakaopuder hinzu. Gut verrühren für 2-3 Minuten. Nehme es von der Hitze und lass es 30 Minuten abkühlen. Kombiniere es mit den geraspelten Mandeln und der Mandelcreme. Für ca. 30 Sekunden in einen Mixer geben. Kalt servieren.

13. Leinsamenöl-Proteinshake

Zutaten:
½ Tasse Wasser
½ Tasse Cashewmilch
1 EL geraspelte Walnuss
1 EL Goji-Beeren
1 EL Leinsamenöl
1 TL Vanillenextrakt
1 EL braunen Zucker
Zubereitung:
Mixe die Zutaten in einem Mixer für ca. 40 Sekunden bis zu einer glatten Mixtur. Behalte es im Kühlschrank und serviere kalt.

14. Zimt-Proteinshake

Zutaten:
1 Tasse Haselnussmilch
1 TL Kakaopuder
1 EL Rosinen
1 EL Kürbiskerne
¼ TL Zimt

Zubereitung:
Mixe alles zu einer glatten Mixtur zusammen. Serviere mit Eiswürfeln. Du kannst noch etwas mehr Zimt obendrauf streuseln bevor du es servierst.

15. Mandel-Proteinshake

Zutaten:
1 Tasse Mandelmilch
½ Tasse Wasser
1 EL Leinmehl
1 EL geraspelte Mandeln
1 EL Agave Nektar
½ Tasse Haferflocken

Zubereitung:
Kombiniere das Leinmehl mit 3 EL Wasser und vermische gut. Kombiniere alles mit den anderen Zutaten und mixe es im Mixer für 30-40 Sekunden. Lasse es im Kühlschrank abkühlen. Kalt servieren.

16. Bananen-Proteinshake

Zutaten:
1 große Banane
1 Tasse Hafermilch
½ Tasse Wasser
1 EL Leinsamen
1 EL Macadamianuss, zerhackt
1 TL Vanilleextrakt
1 EL Agavendicksaft

Zubereitung:
Schäle und schneide die Banane in kleine Würfel. Kombiniere sie mit den anderen Zutaten in einem Mixer und mixe für 30 Sekunden bis zu einer glatten Mixtur. Behalte es im Kühlschrank und serviere kalt.

17. Kleieflocken-Proteinshake

Zutaten:
1 Tasse Kokosnussmilch
½ Tasse Wasser
½ Tasse Kleieflocken
1 EL Kürbiskerne
1 EL Haselnuss, Boden
1 EL brauner Zucker
1 EL Ahornsirup
1 TL Kakao

Zubereitung:
Mixe in einem Mixer für 30-40 Sekunden bis zu einer weichen Mixtur. Du kannst optional etwas Zimt hinzugeben. Lass es im Kühlschrank für ca. eine Stunde abkühlen. Kalt servieren.

18. Frischer Mix-Proteinshake

Zutaten:
½ Tasse Wildbeeren, frisch
½ Tasse frischen Wildbeerensaft
½ Tasse Wasser
1 TL Brombeerenextrakt
½ Tasse Pistazien, Boden
1 EL Ahornsirup
1 EL Agave-Soße
1 Handvoll Eiswürfel

Zubereitung:
Dieses proteinreiche Rezept wird weniger als 5 Minuten Zubereitungszeit in Anspruch nehmen. Kombiniere die Zutaten und mixe sie für ca. 30 Sekunden in einem Mixer. Kalt servieren.

19. Walnuss-Proteinshake

Zutaten:
1 Tasse Kokosnussmilch
½ Tasse geraspelte Walnuss
½ Tasse fein geschnittener Spinat
1 EL Agave-Sirup
2 EL braunen Zucker
1 TL Walnussextrakt

Zubereitung:
Kombiniere die Zutaten im Mixer und mixe für 30-40 Sekunden. Gib ein paar Eiswürfel vor dem Servieren hinzu.

20. Veganer griechischer Joghurt-Proteinshake

Zutaten:
1 Tasse veganen griechischen Joghurt
1 EL Cashew-Creme
1 EL Mandel-Creme
¼ Tasse Mandelmilch
1 TL Mandelbutter
1 EL brauner Zucker
¼ TL Zimt

Zubereitung:
Kombiniere Milch, Mandelbutter, Mandel-Creme und braunen Zucker in einem Kochtopf. Gut umrühren und lass es bei niedriger Temperatur für a. 2 Minuten kochen. Nehme es von der Hitze und lass es für 15 Minuten abkühlen. Fülle die Mixtur in einen Mixer und gib die anderen Zutaten hinzu. Gut mixen für 30-40 Sekunden und bewahre es im Kühlschrank zum Kühlen auf.

21. Proteinshake mit Kokosnussflocken

Zutaten:
1 Tasse Kokosnussmilch
½ Tasse Wasser
½ Tasse Kokosnussflocken
1 EL veganen griechischen Joghurt
3 EL Haselnusscreme
1 TL Vanilleextrakt
1 EL brauner Zucker
Zubereitung:
Kombiniere die Zutaten in einem Mixer und mixe bis zu einer glatten Mixtur. Kalt servieren.

22. Erdnussbutter-Proteinshake

Zutaten:
1 Tasse Milchreis
¼ Tasse fein geschnittene Erdnüsse
1 EL Erdnussbutter
1 EL brauner Zucker
1 EL Goji-Beeren
1 kleiner grüner Apfel

Zubereitung:
Schäle und schneide den Apfel in dünne Scheiben. Nehme einen Kochtopf, um die Erdnussbutter bei niedriger Temperatur zu schmelzen. gib braunen Zucker dazu und gut rühren für 30 Sekunden. Von der Hitze nehmen und lass es abkühlen. Vermische währenddessen die anderen Zutaten in einem Mixer, gib Erdnuss und Zucker hinzu und für 30-40 Sekunden gut mixen. Lasse es für mindestens 30 Minuten im Kühlschrank zum Kühlen.

23. Energie-Proteinshake

Zutaten:
1 EL geraspelte Mandeln
1 EL geraspelte Walmnüsse
1 EL geraspelte Macadamianüsse
1 Tasse Erdbeeren
1 mittlere Banane
1 Glas frischen Orangensaft
1 Glas Wasser
2 EL Apfelmus
1 EL braunen Zucker

Zubereitung:
Dieser Proteinshake ist sehr einfach zuzubereiten. Kombiniere einfach die Zutaten in einem Mixer und mixe für 40 Sekunden. Gut abkühlen lassen vor dem Servieren.

24. Pistazien-Proteinshake

Zutaten:
1 Tasse Hanfmilch
¼ Tasse fein geschnittene Pistazien
1 EL Erdnussbutter
1 EL Leinsamen, Boden
1 EL Agavendicksaft
1 Handvoll Eis

Zubereitung:
Mixe die Zutaten in einem Mixer bis zu einer glatten Mixtur.

25. Mandelbutter-Proteinshake

Zutaten:
1 Tasse Mandelmilch
½ Tasse Wasser
½ Tasse Haferflocken
1 EL Turbinado Zucker
2 EL Mandelbutter
1 TL Mandelextrakt
¼ Tasse Haselnussmilch

Zubereitung:
Koche die Mandelmilch bei niedriger Temperatur. Gib Mandelextrakt, Mandelbutter und braunen Zucker hinzu. Gut verrühren und lass es für 30-40 Sekunden kochen. Von der Hitze nehmen und abkühlen lassen. Kombiniere es mit den anderen Zutaten in einem Mixer und für 30 Sekunden gut mixen. Kalt servieren.

26. Grüner Apfel-Proteinshake

Zutaten:
1 grünen Apfel
½ Tasse Agavendicksaft
1 Glas frischen Apfelsaft
1 EL geraspelte Walnuss
¼ TL Zimt

Zubereitung:
Schäle und schneide den Apfel in dünne Scheiben. Mixe mit den anderen Zutaten für 30-40 Sekunden. Mit Eiswürfeln servieren.

27. Apfelmus und and Bananen-Proteinshake

Zutaten:
1 Tasse Milchreis
1 mittlere Banane
¼ Tasse Apfelmus
1 TL Bananenextrakt
1 EL veganen griechischen Joghurt
1 EL Mandel-Creme

Zubereitung:
Schäle und schneide die Banane in kleine Würfel. Vermische es für 30-40 Sekunden mit den anderen Zutaten in einem Mixer und lasse es im Kühlschrank für ca. eine Stunde abkühlen. Kalt servieren.

28. Gemischte Nüsse-Proteinshake

Zutaten:
1 TL geraspelte Mandeln
1 TL geraspelte Walnüsse
1 TL geraspelte Haselnüsse
1 TL geraspelte Macadamianüsse
1 Glas frischen Orangensaft
1 EL Agavendicksaft
1 EL vegane orange Eiscreme
1 Handvoll Eiswürfel
Zubereitung:
Mixe die Zutaten in einem Mixer für 30-40 Sekunden zusammen.

29. Ananas-Proteinshake

Zutaten:
3 dicke Ananasscheiben
1 Tasse frischen Ananassaft
1 EL Macadamianüsse, Boden
1 EL Walnüsse, Boden
2 EL Agavendicksaft
1 EL braunen Zucker
1 TL Ananasextrakt
2 Kirschen als Deko

Zubereitung:
Schäle die Ananasscheiben. Schneide sie in kleine Stücke. Mixe es für 30-40 Sekunden mit den anderen Zutaten zusammen. Serviere mit Eis und Kirschen open drauf.

30. Exotischer Proteinshake

Zutaten:
1 Tasse Kokosnussmilch
½ Banane
½ Tasse geschnittene Ananas
1 EL Leinsamen
1 EL Kürbiskerne
1 TL Kokosnussextrakt
2 EL Mandel-Creme
2 EL braunen Zucker

Zubereitung:
Kombiniere die Zutaten im Mixer für 30-40 Sekunden und gut mixen bis zu einer glatten Mixtur. Mit ein paar Eiswürfeln servieren.

31. Pfirsich und Creme-Proteinshake

Zutaten:
1 mittlere entkernte Pfirsich
1 Glas Mandelmilch
1 EL Ahornsirup
1 EL veganen griechischen Joghurt
1 TL Pfirsichextrakt
1 EL braunen Zucker
1 TL Kürbiskerne
1 Handvoll Eis

Zubereitung:
Schneide den Pfirsich in kleine Stücke. Mixe es mit den anderen Zutaten bis zu einer glatten Mixtur zusammen.

32. Griechischer Vanillen-Proteinshake

Zutaten:
1 Tasse veganen griechischen Vanillejoghurt
1 Tasse Mandelmilch
1 EL geraspelte Macadamianüsse
1 mittlere Banane
½ Tasse Erdbeeren
1 TL Vanillenextrakt

Zubereitung:
Schäle die Banane und schneide sie in kleine Würfel. Kombiniere es mit den anderen Zutaten im Mixer und mixe um die 30-40 Sekunden bis zu einer glatten Mixtur. Du kannst optional etwas Vanillepuder obendrauf verteilen. Kalt servieren.

33. Pflaumen Powershake

Zutaten:
3 reife Pflaumen, kernlos
1 Tasse Milchreis
½ Tasse Walnüsse, Boden
¼ Tasse Agavendicksaft
Zubereitung:
Mixe die Zutaten im Mixer für 30-40 Sekunden zusammen. Kalt servieren.

34. Zitronen-Proteinshake

Zutaten:
1 Glas frische Limonade, ohne Zucker
1 EL Zitronenzeste
2 EL braunen Zucker
½ Tasse Cashew-Creme
1 EL Erdnüsse
1 EL Vanillenextrakt
1 EL geraspelte Haferkekse

Zubereitung:
Gib die Zutaten in einen Mixer und mixe alles bis zu einer cremigen Konsistenz zusammen. Fülle es in ein Glas und bestreue es mit geraspelten Haferkeksen. Kalt servieren.

35. Karamell-Proteinshake

Zutaten:
1 Tasse Haselnussmilch
½ Tasse braunen Zucker
½ TL Zimt
1 TL Schokoladenextrakt
1 EL geraspelte Mandeln
1 EL Paranüsse, zerhackt
1 mittlere Birne, in kleine Stücke geschnitten
2 EL veganen griechischen Joghurt

Zubereitung:
Benutze einen Kochtopf, um Zucker bei niedriger Temperatur zu schmelzen. Gib langsam die Haselnussmilch hinzu und rühre gut um für ca. eine Minute. Dein Zucker wird ein schönes Karamell. Nehme es von der Hitze und lass es für eine Weile abkühlen. Währenddessen schneide eine Birne in kleine Stücke, kombiniere es mit den anderen Zutaten im Mixer, gib Karamell hinzu und mixe für ca. 40 Sekunden alles zusammen. Fülle den Proteinshake in ein Glas, bestreue es mit Zimt und gib einige Eiswürfel hinzu.

36. Haselnuss-Proteinshake

Zutaten:
1 Tasse Haselnussmilch
½ Tasse veganen griechischen Schokoladenjoghurt
1 TL Kakaopuder
2 EL geraspelte Haselnuss
1 EL Aprikosesamen
1 EL Pekannüsse, Boden
1 EL braunen Zucker
1 EL Agavendicksaft

Zubereitung:
Kombiniere die Zutaten in einem Mixer und mixe bis zu einer cremigen Mixtur. Lass es für ca. 30 Minuten im Kühlschrank kühlen.

37. Schokolade und Kaffee-Proteinshake

Zutaten:
1 Tasse starken schwarzen Kaffee, ohne Zucker
½ Tasse Mandel-Creme
3 EL veganen griechischen Joghurt
1 EL braunen Zucker
1 TL Kakao
¼ Tasse geraspelte dunkle Schokolade (80% Kakao, vegan)
1 EL geraspelte Haselnüsse

Zubereitung:
Mixe die Zutaten in einem Mixer für 30-40 Sekunden. Bewahre es im Kühlschrank auf und serviere es mit Eiswürfeln. Streusel etwas geraspelte Haselnuss obendrauf.

38. Kirsch-Proteinshake

Zutaten:
1 Tasse frischen Kirschsaft, ohne Zucker
1 Tasse Kirschen
½ Tasse Haselnuss
1 EL Chia-Samen
1 TL Kirschextrakt
1 EL braunen Zucker
1 Handvoll Eis

Zubereitung:
Du brauchst nur die Zutaten mit einem Mixer für 30 Sekunden vermischen. Kalt servieren.

39. Mango-Proteinshake

Zutaten:
1 Tasse geschnittene Mango
½ Tasse Haferflocken
1 TL Kürbiskerne
1 TL Mandelbutter
1 Tasse Mandelmilch
1 EL Bananensoße
2 EL braunen Zucker

Zubereitung:
Kombiniere die Zutaten und mixe bis sie vermischt sind. Optional gib oben noch etwas Mangoextrakt-Puder drauf. Kalt servieren.

40. Waldvergnügen-Proteinshake

Zutaten:
1 Tasse frischen Apfelsaft
½ Tasse Wasser
½ mittleren grünen Apfel
½ mittlere Karotte
½ kleinen Pfirsich
½ Tasse gemischte Waldbeeren (Himbeeren, Erdbeeren, Brombeeren)
½ Tasse Mandeln, zerhackt
1 EL Hanfsamen
1 EL Agavendicksaft

Zubereitung:
Mixe alles bis zu einer glatten Mixtur zusammen. Lass es im Kühlschrank für eine Weile kühlen.

41. Ingwer-Proteinshake

Zutaten:
1 mittlere Banane
1 Tasse Cashew-Milch
1 Tasse fein geschnittenen Spinat
1 TL geraspelten Ingwer
¼ Tasse Hanfsamen
1 TL Zitronensaft
2 EL Agavendicksaft

Zubereitung:
Kombiniere den Agavendicksaft mit Zitronensaft und geraspelten Ingwer. Mixe es mit den anderen Zutaten in einem Mixer für ca. 30 Sekunden zusammen bis eine luftige Mixtur entsteht.

42. Papaya Proteinshake

Zutaten:
1 Tasse Papayapüree
½ Tasse Haferflocken
1 Tasse Milchreis
½ Tasse Wasser
1 EL Goji-Beeren
1 EL Agavendicksaft
2 EL braunen Zucker
1 EL Chia-Samen
1 EL Kürbiskerne

Zubereitung:
Kombiniere die Zutaten im Mixer und mixe alles gut zusammen bis zu einer glatten Mixtur. Serviere es mit ein paar Eiswürfeln.

43. Heidelbeeren-Proteinshake

Zutaten:
1 Tasse Mandelmilch
1 Tasse Heidelbeeren
1 EL braunen Zucker
1 TL Minzenextrakt
1 EL geraspelte Mandeln

Zubereitung:
Dies ist sehr einfach zuzubereiten. Der Proteinshake ist erfrischend und die Zubereitung dauert nur um die 2-3 Minuten. Mixe einfach die Zutaten in einem Mixer für 30 Sekunden zusammen und serviere es mit Eiswürfeln.

44. Kürbiskuchen-Proteinshake

Zutaten:
1 Tasse Kürbispüree
1 Tasse Milchreis
1 EL Turbinado Zucker
1 EL Bananensoße, organisch
1 mittlere Banane
1 kleinen grünen Apfel
2 EL Bodenwalnuss
1 EL Leinsamen
1 TL Zimt

Zubereitung:
Schäle und zerkleinere den Apfel. Schneide die Banane in kleine Stücke und kombiniere die Zutaten in einem Mixer für 30-40 Sekunden. Streue etwas Zimt obendrauf und lass es für eine Weile im Kühlschrank abkühlen.

45. Himbeeren und Creme-Proteinshake

Zutaten:
1 Tasse gefrorene Himbeeren
½ Tasse Mandel-Creme
½ Tasse veganes Himbeer-Eis
1 EL Chia-Samen
1 EL geraspelte Haselnüsse
1 Tasse Wasser
1 EL Agavendicksaft

Zubereitung:
Mixe die Zutaten in einem Mixer für 30-40 Sekunden zusammen. Kalt trinken.

46. Schokoladen und Walnuss-Proteinshake

Zutaten:
1 Glas Hanfmilch
½ Tasse Wasser
½ Tasse geraspelte Walnüsse
¼ Tasse geraspelte dunkle Schokolade (80% Kakao, vegan)
1 EL Agave-Cream
1 EL Leinsamen
1 EL Chia-Samen
1 EL veganer Rohrzucker
Zubereitung:

Mixe die Zutaten in einem Mixer bis zu einer glatten Mixtur. Lass es zum Kühlen für etwa 30 Minuten im Kühlschrank. Serviere es mit ein wenig Zimt obendrauf (optional)

47. Macadamianüsse-Proteinshake

Zutaten:
1 Tasse Mandelmilch
½ Tasse Wasser
1 TL Mandelbutter
¼ Tasse geraspelte Macadamianüsse
1 EL Apfelmus
2 EL Turbinado Zucker

Zubereitung:
Trenne das Eiweiß vom Eigelb. Kombiniere es mit den anderen Zutaten im Mixer und mixe alles für ca. 30-40 Sekunden zusammen bis eine glatte Mixtur entsteht. Kalt servieren.

48. Leichter Proteinshake

Zutaten:
1 Tasse Wasser
1 Tasse fein geschnittener Spinat
1 EL Mandel-Creme
½ Tasse veganen griechischen Joghurt
1 EL braunen Zucker
Orangenextrakt (optional)

Zubereitung:
Kombiniere alle Zutaten im Mixer für ca. 30-40 Sekunden. Lass es im Kühlschrank kühlen. Es schmeckt super mit ein wenig Tropfen Orangenextrakt (optional).

49. Mandelmilch-Proteinshake

Zutaten:
1 Tasse Mandelmilch
1 mittlere Banane
1 EL Mandel-Creme
1 Macadamianuss
1 Paranuss
1 EL Ahornsirup

Zubereitung:
Mixe die Zutaten in einem Mixer zusammen bis sich eine glatte Mixtur ergibt. Kalt servieren.

50. Kokosnuss-Proteinshake

Zutaten:
1 Tasse Kokosnussmilch
1 TL Kokosnussextrakt
½ Tasse geschnittene Ananas
1 EL geraspelte Walnüsse
1 EL zerhackte Chia-Samen
1 EL braunen Zucker

Zubereitung:
Mixe die Zutaten in einem Mixer für ca. 30-40 Sekunden zusammen. Serviere es mit Eis.

Printed in Great Britain
by Amazon